CB126881

GRÁTIS 30 DIAS GRÁTIS

Na Ubook você tem acesso a este e outros milhares de títulos para ler e ouvir. Ilimitados!

Audiobooks Podcasts Músicas Ebooks Notícias Revistas Séries & Docs

Junto com este livro, você ganhou **30 dias grátis** para experimentar a maior plataforma de audiotainment da América Latina.

Use o QR Code

OU

1. Acesse **ubook.com** e clique em Planos no menu superior.
2. Insira o código **GOUBOOK** no campo Voucher Promocional.
3. Conclua sua assinatura.

ubookapp ubookapp ubookapp

ubook
Paixão por contar histórias

Campbell Macpherson

O PODER *da* MUDANÇA

Como se adaptar a uma era de constante transformação

TRADUÇÃO
UBK Publishing House

ubook UBK Publishing House

© 2021, Change & Strategy International Ltd
Copyright da tradução © 2021, Ubook Editora S.A.

Publicado mediante acordo com Kogan Page. Edição traduzida do livro The power to change: how to harness change to make it work for you publicada por Kogan Page.

Todos os direitos reservados. Nenhuma parte deste livro pode ser utilizada ou reproduzida sob quaisquer meios existentes sem autorização por escrito dos editores.

COORDENAÇÃO Alessandra Brito
EDIÇÃO Juliana Oliveira
COPIDESQUE Christian Danniel
REVISÃO Vivian Sbravatti e Diego Franco
CAPA Bookallbook
DIAGRAMAÇÃO Studio Oorka
IMAGEM DE CAPA Jessicahyde |Adobe Stock
Alextanya | Adobe Stock

Dados Internacionais de Catalogação na Publicação (CIP)
(Câmara Brasileira do Livro, SP, Brasil)

Macpherson, Campbell
O poder da mudança : como se adaptar a uma era de constante transformação / Campbell Macpherson ; tradução UBK Publishing House. -- Rio de Janeiro : Ubook Editora, 2021.

Título original: The power to change
ISBN 978-65-5875-636-1

1. Mudança organizacional 2. Mudança organizacional - Administração I. Título.

21-63716 CDD-658.4063

Ubook Editora S.A
Av. das Américas, 500, Bloco 12, Salas 303/304,
Barra da Tijuca, Rio de Janeiro/RJ.
Cep.: 22.640-100
Tel.: (21) 3570-8150

"A mudança acontece", como Forrest Gump diria.
Aqueles que conseguem lidar com as mudanças sobreviverão.
Aqueles capazes de aceitar a mudança e buscar as oportunidades prosperarão.
E o poder de mudar está dentro de cada um de nós.

Sumário

Prefácio

A pandemia que mudou nosso mundo

Num dia qualquer de 2019, em um movimentado *wet market*[1] em Wuhan, China, onde animais silvestres enjaulados coexistiam com outros, de todas as variedades, abatidos ou prestes a serem abatidos, um vírus parecido com a gripe parece ter saltado de pangolins para os humanos. Muito provavelmente, o pangolim foi infectado por um morcego — uma espécie que anteriormente nos deu a SARS, a MERS e o ebola.

Nós humanos não temos nenhuma imunidade natural contra esse novo vírus — *covid-19*, como foi nomeado — e, como sabemos agora, ele é altamente contagioso e potencialmente fatal para nossos idosos e para aqueles com comorbidades.

O impacto econômico, social e pessoal da covid-19 tem sido profundo e, dada a extensão da reação global, é provável que seus efeitos sejam sentidos ainda por algum tempo. Ele mudou nosso mundo de maneiras que ainda não temos conhecimento pleno.

Isso causou estragos em nossas economias, empurrando inúmeras empresas para a beira e para o fundo do abismo. Muitos de nós perderam seus empregos ou viram suas economias sumir. Governos de todo o mundo implementaram medidas sociais desesperadas, incomuns em tempo de paz. A dívida do governo e das empresas disparou. Os sistemas de saúde, a polícia e os serviços de emergência ficaram sobrecarregados. Os aeroportos foram transformados em desertos desolados. Vagões de trem, escritórios, restaurantes e bares foram esvaziados.

Aprendemos rapidamente como trabalhar em casa e, por meio de tentativa e erro, descobrimos dicas e truques sobre como usar a videoconferência de forma eficaz. A necessidade é a mãe da invenção.

Lutamos uns contra os outros por causa de rolos de papel higiênico e nos mobilizamos para ajudar vizinhos idosos.

Fomos encorajados e até mesmo forçados a nos isolar — causando a estranhíssima ausência da interação social que nós humanos tanto desejamos. Nós nos autoisolamos com nossos companheiros e famílias, suportando uma forma prolongada de contato próximo que antes era reservada apenas para o Natal.

A covid-19 elevou os níveis de ansiedade, tanto coletivos quanto pessoais, ampliados pela mídia que, 24 horas por dia, sete dias por semana, se desvia de seu serviço social muito necessário ao, demonstrando um prazer quase palpável, transformar em catástrofe cada novo e incerto desenvolvimento da doença.

Ainda temos dúvidas sobre em quem confiar e em quem ou no que acreditar. Odiamos a incerteza; ela nos faz temer o pior. O problema adicional com essa pandemia é não sabermos quanto tempo ela vai durar. A incerteza se emparelha com ainda mais incerteza.

É o exemplo perfeito de mudança da Plataforma em Chamas; um fenômeno comum que discutiremos em detalhes nos capítulos 10 e 11 — uma grande mudança que nos é imposta. Por meio dessa crise, todos nós temos andado na montanha-russa emocional que é a Curva de Mudança da Plataforma em Chamas. Sentimos choque, negação, raiva, medo e até mesmo depressão. Várias vezes.

A boa notícia é que essas emoções são normais. É como reagimos à mudança. O truque é reconhecê-las, compreendê-las e começar a usá-las em nosso próprio benefício, para avaliar nossa situação, aceitar a nova realidade e buscar as oportunidades. Porque as oportunidades existem mesmo em tempos de incertezas sem limites e de grandes disrupções.

Esse vírus também nos deu um presente, se quisermos recebê-lo; um presente que é relevante tanto para nações quanto para organizações e indivíduos. Ele nos deu uma oportunidade única para refletir sobre o que é importante e o que é preciso mudar.

Ele nos obrigou a questionar algumas das principais premissas que, como sociedade, parecemos ter assumido como certas. O dever mais importante de qualquer governo é manter seu povo a salvo. Mas a salvo de quê? Durante milênios, os governos acharam que a maior ameaça a seus cidadãos era um ataque físico de outra nação, e globalmente eles investiram trilhões em armas e poderio militar, sem dúvida às custas de aspectos muito mais importantes de nossa segurança nacional e pessoal.

Embora nenhum sistema de saúde pudesse estar completamente preparado para a velocidade e extensão da pandemia, alguns sistemas de saúde pública entraram nessa crise com uma enorme escassez de equipamentos, enfermeiras, médicos e leitos hospitalares. Os sistemas privatizados também foram considerados carentes — e moralmente questionáveis. Os serviços de atendimento aos idosos também foram negligenciados. Muitas pessoas morreram em casa, sem testes ou tratamentos.

Isso nos obrigou a repensar como funcionam as empresas. Diversos modelos de negócios operam com margens mais estreitas e, portanto, foram lançados nessa crise sem uma reserva financeira. Eles não tiveram escolha a não ser cortar funcionários para se manterem ativos. Nem todos sobreviverão.

Será que nossos governos e sistemas de comércio têm priorizado as coisas erradas? Dessa vez não são apenas os bancos que estão pedindo socorro. Companhias aéreas, ferrovias, varejistas, cafés, restaurantes, pubs, fábricas, grandes negócios, pequenas empresas, comerciantes individuais e prestadores de serviços de todas as áreas têm precisado da ajuda do governo.

Ainda assim, em meio a toda essa escuridão, a qualidade do ar nas cidades melhorou drasticamente por todo o mundo. Globalmente, quatro milhões de pessoas morrem a cada ano devido aos efeitos da poluição do ar, segundo a Organização Mundial da Saúde. A Academia Nacional de Ciências dos EUA acha que pode ser o dobro desse número. A pausa na fabricação e a redução do número de carros nas estradas devido à covid-19 pode ter salvado dezenas de milhares de vidas. Que ironia.

Instintivamente, esperamos que a mudança tenha uma data final; que logo possamos voltar a ser como era antes. Mas, e se não conseguirmos? E se não devêssemos?

Esse vírus forçou uma mudança gigantesca em todos nós. Todos somos suas vítimas. Ninguém pediu por isso. Ninguém queria sofrer essas consequências. Como qualquer grande mudança que nos é imposta, nos sentimos impotentes diante de uma disrupção tão dramática. Mas não somos impotentes. Temos o poder de pausar, refletir, reavaliar nossas prioridades e identificar o que é verdadeiramente importante em nossas vidas.

E então podemos mudar.

Este livro foi elaborado para nos ajudar a fazer exatamente isso.

Introdução

Lidar com mudanças é uma das habilidades mais importantes que qualquer um de nós pode aprimorar. Este livro o ajudará a ir ainda mais longe. Ele o ajudará a aceitar a mudança e isso lhe dará o poder de mudar.

A mudança é difícil. A maioria das pessoas se sente totalmente impotente quando confrontada por ela — especialmente nas grandes mudanças, como a perda de um emprego, o divórcio ou a morte de um ente querido. Mas não somos impotentes. Podemos aprender a transformar as situações em nosso próprio benefício. Todos nós temos o poder de aceitar a mudança e procurar oportunidades, só precisamos ser capazes de aproveitá-lo.

Todos nós lidamos diariamente com pequenas mudanças. Nós as aceitamos, nos adaptamos e continuamos com nosso dia. Todos lidamos com inúmeras mudanças ao longo de nossas vidas — algumas nos foram impostas e outras escolhemos para nos instigar. Quando a mudança nos é imposta, podemos nos sentir desamparados, com o controle fora de nossas mãos. Mas estamos completamente no controle de algo vital — como reagimos à mudança — e essa escolha pode nos colocar nos trilhos. Ela pode fazer toda a diferença.

Até mesmo as mudanças que provocamos em nós mesmos podem ser difíceis, já que todas as mudanças exigem desistir de algo — até mesmo as "boas" mudanças. Há sempre uma pequena parte de nós que deseja se agarrar ao que estamos abandonando — ficar com o velho celular em vez de se jogar no mundo do smartphone; permanecer na mesma equipe no trabalho, na mesma vizinhança, em um trabalho chato ou em um relacionamento sem amor porque é "melhor lidar com o que já se conhece".

Este livro é o resultado de quase trinta anos ajudando organizações e indivíduos a liderar mudanças, lidar com elas e aceitá-las. É o resultado de ajudar os líderes a questionar e esclarecer suas estratégias e alinhar suas organizações para cumprir o que prometem. De ajudar as equipes de liderança a comprar e fundir empresas, bem como se desfazer delas enquanto cuidam de seus funcionários durante o processo. Da reorganização e da reestruturação das organizações. De ajudar empresas de pequeno e médio porte a crescer. Este livro é o resultado da mudança de departamentos e da ajuda aos líderes para transformar suas equipes de liderança.

É o resultado de ajudar as pessoas a pausar, refletir, aceitar o novo, buscar oportunidades — e prosperar. É o resultado de ter experimentado inúmeras mudanças pessoais. Porque a mudança é inevitável.

Três das principais lições que aprendi com tudo isso:

1. Toda mudança é pessoal. Até mesmo a transformação corporativa mais significativa é na verdade a soma de incontáveis mudanças pessoais em toda a organização.
2. Toda mudança é emocional. Nós, humanos, somos seres emocionais. Quando se trata de mudança, a emoção sempre supera a lógica.
3. Ninguém aceita as mudanças simplesmente porque lhes exigem. Nós só mudamos se e quando quisermos. (Quantas pessoas são necessárias para trocar uma lâmpada? Apenas uma, mas a pessoa tem que querer mudar).

Nós, humanos, somos seres emocionais. Quando se trata de mudança, a emoção sempre supera a lógica.

Meu livro anterior sobre esse tema fascinante, *The Change Catalyst: Secrets to Successful and Sustainable Business Change*, recebeu o Business Book of the Year de 2018. Ele fala sobre liderar a mudança: um manual de como fazer para que líderes consigam liderar mudanças bem-sucedidas. Ele explica em detalhes como a mudança organizacional bem-sucedida tem tudo a ver com as pessoas:

> Somente seus funcionários podem realizar a sua estratégia. Somente seus funcionários podem realizar a mudança que seu negócio exige.

Este livro, *O poder da mudança*, é para todos. É um guia para ajudá-lo a lidar com mudanças pessoais de todas as formas e tamanhos — e, em última análise, para aceitar a mudança, usando-a a seu favor.

A Parte um explora nosso mundo em constante transformação. Discute algumas das principais mudanças tecnológicas que estão alterando a maneira como vivemos e a forma como trabalhamos. Nada será como antes. Exploramos a inteligência artificial (exterminadora ou libertadora?), a Internet das Coisas (IoT, do inglês Internet of Things), a impressão 3D, a mudança política, a mudança social, o aumento da expectativa de vida, a mudança climática, Boyan Slat e os millennials... a quantidade de mudança que vem em nosso caminho pode ser vista como assustadora ou como repleta de oportunidades. Isso depende inteiramente de nós.

A Parte dois explora a psicologia da mudança, particularmente o poder da emoção e o papel central que ela desempenha em nossa tomada de decisão e em nossa capacidade de aceitar a mudança. Uso o desafio de perder peso como um exemplo da batalha entre lógica e emoção que ferve dentro de todos nós — algo com que dois terços da população ocidental enfrenta em graus variados.

A Parte três trata dos diferentes tipos de mudança e de nossas reações naturais e instintivas a elas. Você será apresentado à Matriz da Mudança e às Curvas de Mudança. Incluí algumas reflexões bastante francas e pessoais de minha jornada pela Curva de Mudança da Plataforma em Chamas (como reagimos à grande mudança que nos é imposta) e detalhei a fascinante e inspiradora história da jornada da dra. Bronwyn King através da Curva de Mudança do Salto Quântico (grande mudança que nós provocamos) em sua busca para convencer os maiores fundos de pensão e administradores de ativos do mundo a parar de investir no tabaco — um produto que mata mais pessoas em um mês do que a guerra, as drogas, o crime e as armas combinadas matam em um ano.

A Parte quatro detalha os obstáculos pessoais e emocionais à mudança que colocamos em nosso próprio caminho e, mais importante ainda, discute formas de superá-los. Também exploro o poder da ioga para ajudar a mudança pessoal — com o auxílio de minha esposa, Jane, que por acaso é uma das professoras de ioga mais intuitivas e empáticas que você poderia ter a sorte de conhecer.

A Parte cinco expande esse tema crítico e explora estratégias e ferramentas adicionais que você pode colocar em prática para "Ser seu próprio Catalisador de Mudança". Exploramos o conceito de resiliência e formas de desenvolvê-la, a importância de criar condições favoráveis à mudança (apresentando a HENRY, uma instituição de caridade contra a obesidade infantil), encontrar a ajuda de que você precisa, ajudar os outros, desenvolver seu plano SWOT pessoal e estratégico, e tratar-se como um projeto de mudança.

Em seguida, tudo é resumido e amarrado na Parte seis, "Os segredos para aceitar a mudança".

O livro foi concebido para nos dar o poder de mudar, para aproveitar ao máximo as mudanças que nos são impostas, e para buscar e aceitar mudanças que nos ajudarão a crescer e a melhorar nossas vidas.

Espero que faça exatamente isso por você e que você desfrute de sua imersão em *O poder da mudança.*

Campbell
www.campbellmacphersonauthor.com

PARTE UM

Nosso mundo em constante transformação

A mudança é inevitável; a mudança é constante.

BENJAMIN DISRAELI[1]

Disraeli obviamente não foi a primeira figura pública a falar sobre mudança. Longe disso. Aristóteles escreveu constantemente sobre ela mais de dois mil anos antes. "A mudança é aprazível em todas as coisas" estava entre as muitas citações dele sobre o assunto. A mudança também foi central para muitos dos pensamentos e ensinamentos de Buda: "Tudo muda, nada permanece sem mudança."

Mas não é preciso ser duas vezes primeiro-ministro britânico, o pai da filosofia grega antiga ou o primeiro monge budista para saber que a mudança é inevitável. Todos sabemos disso. Nós a vivemos todos os dias. Não temos outra escolha a não ser lidar com a mudança. Quem é capaz de reconhecer esse fato e lidar com a mudança sobreviverá. Quem busca a mudança e a aceita ativamente prosperará.

Disraeli, Aristóteles e Buda teriam ficado impressionados com as mudanças que testemunhamos diariamente. O que eles não poderiam ter previsto é a velocidade incrível que o ritmo da mudança ganharia no século XXI.

A amplitude das mudanças que o mundo testemunhou na última metade do século XX foi de tirar o fôlego — dos antibióticos à televisão, aos computadores, à chegada do homem à Lua e à internet. Entretanto, as mudanças do século passado foram quase leves em comparação com a quantidade de mudanças a que todos nós nos adaptamos durante os primeiros vinte anos deste milênio.

Citando a banda de rock Bachman Turner Overdrive, "We ain't seen nothin' yet" ("Ainda não vimos nada", em tradução livre).[2]

Bill Gates, fundador da Microsoft, disse certa vez que tendemos a superestimar o impacto da mudança que ocorrerá nos próximos dois ou três anos e subestimar a mudança que experimentaremos durante os próximos dez anos. Isso nunca foi tão verdadeiro: as mudanças mais dramáticas ainda estão por vir. A maneira como trabalhamos, a maneira como vivemos, quanto tempo vivemos, o tipo de sociedade em que vivemos... simplesmente nunca mais será igual. Há um tsunâmi de mudanças sem precedentes no nosso caminho.

Simplesmente não temos escolha a não ser nos prepararmos para isso...

CAPÍTULO UM

A revolução tecnológica

Acho que existe um mercado mundial para, talvez, uns cinco computadores.

THOMAS WATSON, FUNDADOR DA IBM, EM 1943

A tecnologia está causando disrupções em todos os setores, dizimando categorias de empregos tradicionais e criando novas ocupações a uma velocidade que nunca vimos antes. Cada setor, cada negócio, cada emprego e cada um de nós está sendo afetado.

A tecnologia também está nos permitindo viver mais — muito mais tempo. Ela pode até nos ajudar a salvar o planeta da destruição ambiental que causamos. Essas mudanças já estão começando a precipitar uma crise tanto no capitalismo quanto no governo, à medida que os líderes mundiais enfrentam desafios como financiar uma população que vive mais tempo e trabalha menos dentro de sociedades que estão se tornando cada vez mais polarizadas. Cada uma dessas importantes mudanças já começou, e embora algumas delas sejam mais do que um pouco preocupantes, elas também criarão novas e estimulantes oportunidades para quem for capaz de buscar e aceitar a mudança.

Para nos prepararmos para a mudança, precisamos primeiro entender para onde estamos nos encaminhando. Depois, podemos começar a analisar como podemos ser afetados — e o que podemos fazer para aproveitar ao máximo as oportunidades.

É preciso estar prevenido. Portanto, vamos dar uma olhada em alguns desenvolvimentos induzidos pela tecnologia que estão mudando nosso mundo para sempre.

A teia que tecemos

Há aproximadamente trinta anos, nos anos 1990, a internet saiu do domínio de militares norte-americanos e foi introduzida no mundo. As pessoas começaram a desenvolver páginas web. Ninguém conseguia entender o porquê. Hoje, a internet é onipresente e tem sido responsável pelo nascimento e renascimento de algumas das maiores corporações do mundo.

Oito das dez maiores empresas do mundo são empresas de tecnologia, as quatro maiores valem mais de 5,5 trilhões de dólares, incluindo Apple e Microsoft, que se reinventaram com a chegada da World Wide Web e da Alphabet/Google, Amazon, Facebook, Alibaba e Tencent, que devem sua própria existência à internet comercial. Juntas, essas corporações não só transformaram as bolsas de valores como também transformaram nossas vidas.

Netflix, Amazon e Apple destruíram a indústria de vídeo e transformaram a produção audiovisual em todo o mundo. E mudaram para sempre a maneira como consumimos filmes, documentários e televisão.

A Amazon transformou o varejo em todo o Ocidente. Nossos shoppings e centros comerciais estão enfrentando dificuldades para se adaptar. Muitos nunca se adaptarão.

A Apple e o Google transformaram o telefone no mais poderoso dispositivo portátil (e vestível) que poderíamos ter imaginado.

Desde seu humilde começo como mecanismo de busca, o Google está transformando o mundo.

A Microsoft se reinventou milagrosamente duas vezes em seus quarenta anos de história. Agora é uma empresa de computação em nuvem competindo com gigantes como a Amazon e a Alibaba para fornecer às maiores organizações do mundo armazenamento e serviços baseados em nuvens.

Tencent e Alibaba são o Google e a Amazon da China.

O LinkedIn, comprado pela Microsoft por apenas 26 bilhões de dólares, fez a indústria de recrutamento crescer. A vantagem comparativa das firmas de recrutamento costumava ser seu banco de dados e sua rede de contatos — os recrutadores sabiam os nomes e telefones de todas as pessoas-chave de uma determinada empresa. Hoje, qualquer pessoa com uma conta no LinkedIn pode descobrir isso em minutos através de seus telefones.

O fim da verdade?

A verdade se tornou subjetiva e elusiva. Costumávamos consultar os tomos da *Enciclopédia Barsa* se precisássemos descobrir a verdade sobre um tópico em particular. Agora, fazemos uma pesquisa em nossos telefones e somos bombardeados por inúmeras versões da "verdade" de todos os ângulos e perspectivas possíveis. Ao disponibilizar informações para todos, a internet deveria ter liberado a verdade para o mundo. Infelizmente, a verdade foi perdida em meio a uma avalanche de opiniões. As eleições são influenciadas por manipuladores de dados furtivos como a Cambridge Analytica e a AggregateIQ, que oferecem informações errôneas diretamente nos nossos feeds do Facebook e do Twitter. O ex-presidente dos EUA usava o Twitter como sua mídia oficial, fazendo uma média de 22 declarações inverídicas todos os dias.[1] No dia 26 de abril de 2019, as mentiras, inverdades e distorções dos fatos que o então presidente Donald Trump contou desde que assumiu o cargo ultrapassaram a marca de dez mil. Em meados de 2020, esse número havia passado de vinte mil. As agências de notícias relatavam seus tweets, muitas vezes sem verificar os fatos, e a inverdade ganhava vida própria. "Uma mentira contada mil vezes torna-se verdade."[2]

Para ser justo com as agências de notícias, as *fake news* são tantas e aparecem com tanta rapidez que quase não há tempo para refutar a primeira antes que a dúzia seguinte tenha chegado!

A Internet das Coisas

O prêmio pelo título mais legal do mundo da tecnologia atual vai para a Internet das Coisas, ou IoT. Desde ligar e desligar as luzes e o sistema de alarme remotamente pelo seu iPhone, até geladeiras que dizem quando você está ficando sem leite, passando por peças de máquinas que informam quando precisam ser substituídas — a IoT está se infiltrando em todos os aspectos de nossas vidas. A IoT está mudando todas as indústrias. Ela está em prédios, estradas, pontes, estações de energia e de tratamento de água, playgrounds, tudo.

A ubiquidade da IoT me atingiu enquanto projetava um programa de Liderando a Mudança para uma empresa de "abastecimento e descarte de água". Basicamente, eles fazem tubulações. Na reunião de planejamento com o cliente, perguntei quais eram os maiores desafios em sua indústria e sua resposta imediata foi "digitalização". Ergui minhas sobrancelhas pensando que essa era apenas uma palavra que eles se sentiam obrigados a utilizar, mas então eles explicaram o que queriam dizer com isso. Os canos não são mais apenas canos. São objetos de feitiçaria tecnológica, infundidos com sensores para medir fluxo, temperatura, pressão, acidez... e tecnologia de comunicação para retransmitir os dados para o centro de controle. As empresas de tubulações que simplesmente fornecem canos estão defasadas! Se os canos precisam ser conectados à rede, o que mais vem por aí?

Os benefícios da tecnologia IoT nos negócios são óbvios — a capacidade de detectar problemas antes que eles aconteçam, planejar atualizações e aperfeiçoamentos antes do tempo, fazer manutenção preventiva e ter um diagnóstico preciso e ganhos de eficiência, melhorando e facilitando nossas vidas.

Os benefícios domésticos às vezes são menos óbvios, mas isso não nos impediu de adotar a tecnologia com gosto e otimismo irrestrito.

É fácil e barato instalar os sistemas de segurança domésticos de alta definição que são controlados a partir de seu smartphone. Um simples vídeo de demonstração que circula nas mídias sociais mostra um entregador tocando a campainha de uma casa vazia. A proprietária, que atende a porta através de seu smartphone em sua mesa de trabalho, vê e fala com o entregador e explica que não tem ninguém em casa. Ela então aperta um botão em seu telefone, abre o porta-malas do Tesla estacionado na entrada e pede ao entregador que coloque o pacote no porta-malas de seu carro. Assim ele faz, e então ela fecha o porta-malas, tranca o carro e o entregador continua com o resto de seu dia, um pouco perplexo.

É claro, todo lado bom tem um porém. Pense na Alexa da Amazon, que nos permite acessar a internet e controlar com nossas vozes as coisas que temos conectadas a ela, uma bênção tanto para os idosos quanto para quem não quer sair do sofá! Mas, para fazer isso, ela deve ouvir tudo o que dizemos e fazemos. Em 2018, a Alexa começou a rir de momentos aleatórios em milhares de casas em todo o mundo. Ninguém sabe ao certo por quê. A Siri do iPhone também faz isso. (Ouve, não ri.) Na verdade, há rumores de que seu feed do Facebook lhe mostra anúncios baseados no que o iPhone ouviu por acaso, mesmo que o Facebook não esteja aberto. O Facebook negou isso categoricamente, mas convenceu a poucas pessoas. A web está cheia de pessoas que relatam que, logo após terem falado sobre adotar um gato ou sobre a necessidade de um acessório para o iPhone, foram apresentadas a anúncios de comida para gatos ou do acessório em questão. Esses eventos podem ser coincidência, mas será que uma empresa como o Facebook poderia ouvir suas conversas? Tecnicamente, sim, eles poderiam. *Yes, they can.*

A segurança é outro grande risco quando se trata de IoT. Agora que tudo está conectado, suas luzes, geladeira e até mesmo sua rede de esgoto (?) poderiam ser invadidas e controladas por outra pessoa. Os hackers poderiam controlar todos os aspectos de nossas vidas e o fato de toda esta tecnologia ter sido adotada tão rapidamente significa que toda a rede foi projetada para usuários com pouca consideração sobre como manter tudo seguro. Uma coisa é interferir na comunicação entre sua chaleira e sua TV. Interferir na comunicação entre seu prédio de escritórios e a empresa de segurança é outra coisa muito diferente.

Por que construir quando se pode imprimir?

O que os ouvidos humanos, modelos de aviões, componentes de automóveis, tênis de corrida, pizzas, armas, instrumentos musicais, roupas, móveis e casas têm em comum? Todos eles podem ser feitos utilizando a impressão 3D.

As aplicações para essa tecnologia parecem ser infinitas. Podemos até mesmo imprimir casas! Casas reais. Esse feito foi anunciado em 2016, quando sua alteza o sheik Mohammed Bin Rashid Al Maktoum, vice-presidente e primeiro-ministro dos Emirados Árabes Unidos e governador de Dubai, revelou a primeira casa impressa em 3D totalmente funcional do mundo. Apenas alguns anos depois, o preço da impressão 3D de pequenas casas ou apartamentos diminuiu, chegando ao valor de até dez mil dólares.

A impressão 3D seguirá a tradição de novas tecnologias e tornará supérfluos muitos trabalhos de manufatura existentes, criando empregos em outras partes da economia.

Essa tecnologia tem o potencial de agilizar os processos de fabricação e design em uma infinidade de indústrias, reduzir custos e criar uma série de novos empregos em disciplinas que ainda não estamos categorizando corretamente. Ao fazer isso, a impressão 3D seguirá a tradição de novas tecnologias e tornará supérfluos muitos trabalhos de manufatura existentes, criando empregos em outras partes da economia.

Inteligência artificial: exterminadora ou libertadora?

A inteligência artificial (IA) está em fúria. A chegada de máquinas que podem aprender e se adaptar foi anunciada em 2016, quando o programa "Deep Mind" do Google venceu o campeão mundial de Go — um jogo que pensávamos ser muito complexo e sutil para que um computador triunfasse sobre um humano. Estávamos errados.

A unidade de inteligência artificial da IBM, IBM Watson, está agora alimentando uma série de novos e empolgantes desenvolvimentos de inteligência artificial — incluindo avatares de atendimento ao cliente que significam o início do fim de call centers humanos. Esses avatares são desenvolvidos por uma empresa da Nova Zelândia chamada Soul Machines e podem oferecer o tipo de experiência que se espera do melhor agente humano de atendimento ao cliente em seu melhor dia — e, ainda assim, a Rachel pode fornecer isto simultaneamente a milhares de pessoas 24 horas por dia, sete dias por semana. Ela usa o microfone e a câmera do nosso notebook para observar e reagir às emoções e melhorar a cada interação. Nós costumávamos terceirizar nossos call centers para a Índia, Indonésia, Filipinas ou Escócia. Em breve, muito em breve, terceirizaremos para a Nuvem. Prevejo que isso começará a acontecer dentro de dez e vinte meses, não de dez e vinte anos.

Os avatares de atendimento ao cliente da Soul Machine são apenas a ponta do iceberg da IA. Em 2018, a Microsoft empregava cinco mil profissionais de IA somente na China. O "Google Brain", baseado em Mountain View, Califórnia, tem grupos em Cambridge (Massachusetts), Londres, Montreal, Nova York, São Francisco, Toronto e Zurique — todos com mestres e doutores concentrando seus esforços colaborativos em IA.

Na M&A Advisor Summit em Nova York, em novembro de 2017, para a qual fui convidado a falar sobre mudanças, o dr. Kai Fu Lee, acadêmico chinês especialista em IA, conselheiro governamental e autor best-seller sobre o assunto descreveu as quatro ondas de IA:

1. *A onda de dados da internet*: é a onda atual, dominada pelas grandes empresas de internet que utilizam e controlam a imensa quantidade de dados que voluntariamente lhes entregamos para que possam personalizar nossas experiências de compras

e visualizações on-line. Elas usam algoritmos simples de IA para nos mostrar notícias, *fake news* e publicidade de que gostaremos. Google, Amazon, Facebook, Alibaba e WeChat são os atuais vencedores. Mas ainda estamos no início quando se trata de IA.

2. *Novos dados de IA*: reconhecimento de padrões. Reconhecimento facial. Essa onda também já começou. Ela será a fusão da capacidade off-line e on-line. Por exemplo, o software de reconhecimento facial identificará nosso perfil on-line quando entrarmos em uma loja física. As cabines de imigração do aeroporto já estão usando uma versão inicial dessa capacidade. O software de reconhecimento de padrões já pode detectar câncer melhor do que os melhores oncologistas (veja mais adiante).
3. *IA mecânica*: essa onda verá algoritmos inteligentes de aprendizagem de máquina controlarem objetos. Os carros sem motorista se encaixam nessa categoria.
4. *Automação completa*: um mundo em que os robôs serão tão sofisticados que farão um trabalho manual melhor do que os humanos.

Em outubro de 2019, o Google anunciou que havia dado um incrível passo com um computador quântico que poderia realizar em alguns segundos um cálculo incrivelmente complexo que um supercomputador "comum" levaria milhares de anos para completar. Pode ser que o cérebro humano tenha acabado de ser ultrapassado.

Ray Kurzweil, ex-Google, diretor da Singularity University e vencedor da Medalha Nacional de Tecnologia e Inovação dos EUA de 1999, previu que até 2029 "os setores de manufatura, agricultura e transporte da economia estarão quase totalmente automatizados".[3]

Acho que ele pode ter sido muito conservador, pois a disrupção não se limitará apenas a essas três indústrias. Todas elas serão revolucionadas pela IA e pela automação avançada. Em um futuro não tão distante, precisaremos de muito menos advogados, contadores, consultores financeiros, banqueiros, profissionais de investimentos... todos os modelos de trabalho serão virados de cabeça para baixo.

A diminuição de pessoas nas fábricas vem acontecendo há décadas, devastando as comunidades tradicionais de manufatura no processo — e não importa quais promessas sejam feitas pelos políticos, esses empregos não vão voltar. Se as fábricas mexicanas fossem forçadas a retornar a Detroit, elas seriam fortemente automatizadas. Com os trabalhadores norte-americanos custando cinco vezes mais do que os trabalhadores mexicanos, os proprietários das fábricas não teriam outra escolha senão automatizar. Mesmo a Carrier Air-Conditioning, que se tornou emblemática por "devolver empregos aos Estados Unidos" antes e depois da eleição presidencial de 2016, tinha planos de automatizar sua força de trabalho — muito provavelmente com a ajuda da isenção fiscal de sete milhões de dólares que o vice-presidente Pence garantiu aos contribuintes de Indiana.[4] "Nós vamos automatizar impulsionando o custo para que possamos continuar a ser competitivos", disse ele. "O que em última análise significa que haverá menos empregos."

> Em um futuro não tão distante, precisaremos de muito menos advogados, contadores, consultores financeiros, banqueiros, profissionais de investimentos

Ironicamente, os trabalhadores baratos têm estado no centro do milagre econômico chinês, enquanto a China lidera o caminho da robótica avançada. De acordo com o Instituto Allen de Inteligência Artificial, baseado em Seattle, a China ultrapassou os Estados Unidos tanto em termos de quantidade quanto de qualidade da pesquisa de IA.

Em 2014, o presidente da China, Xi Jinping, referiu-se a uma "revolução robótica". "A China quer substituir milhões de trabalhadores por robôs", anunciou a *MIT Technology Review* um ano depois. Em 2016, o *FT* nos deu um vislumbre da revolução robótica da China em um artigo sobre um fabricante de pias, Ying Ao, que produzia 1,5 mil pias diariamente. Devido a razões que o artigo não detalhou, o proprietário da Ying Ao foi forçado a pagar a sua equipe 1,2 mil dólares por mês, o dobro da taxa salarial média no resto da província de Guangdong. Isso o estimulou a substituir 140 de seus funcionários por apenas nove robôs. "Essas máquinas são mais baratas, mais precisas e mais confiáveis que as pessoas", o proprietário declarou para o *FT*. "Nunca tive um lote inteiro arruinado por robôs. Estou ansioso para substituir mais humanos no futuro." Se um trabalhador que recebe 1,2 mil dólares por mês na China pode ser substituído por robôs, os trabalhadores ocidentais terão sérios problemas.

Se um trabalhador que recebe 1,2 mil dólares por mês na China pode ser substituído por robôs, os trabalhadores ocidentais terão sérios problemas.

Mas não são apenas os empregos de fábrica que estão em risco. O dr. Lee acredita que até cinquenta por cento dos empregos de "colarinho branco" de hoje serão feitos por máquinas até 2030.

No Reino Unido, é pouco provável que o Brexit melhore a situação. As empresas estrangeiras farão uma pausa para questionar futuros investimentos no Reino Unido, agora que ele não faz mais parte da União Europeia. Na verdade, isso já está acontecendo. No final de 2019, a Tesla escolheu a Alemanha em vez do Reino Unido para sua nova fábrica de carros elétricos, citando o Brexit como uma razão-chave. A lista de empresas que já retiraram empregos ou levaram os escritórios para fora do Reino Unido por causa do Brexit no momento da redação deste capítulo inclui Airbus, Aviva, Credit Suisse, Jaguar Land Rover, HSBC, Goldman Sachs, Panasonic, Sony, Nomura, Daiwa, Norinchukin Bank, WebTrade, Lloyds of London, Hermes Investment Management, Panasonic, P&O, Philips, Unilever, JPMorgan, Barclays, Bank of America, UBS, Moneygram, Total... até mesmo empresas como a Dyson, comandadas por defensores do Brexit, têm se mudado para locais diferentes.

Embora um número de pequenos e médios exportadores provavelmente tenham dificuldades, incapazes de desvencilhar suas cadeias de fornecimento da UE ou de encontrar pessoal qualificado ou disposto, novas oportunidades de negócios emergirão do caos. Estou ansioso para ver quais.

As empresas que permanecerem no Reino Unido se automatizarão o máximo possível. Na verdade, muitos daqueles que se mudaram para a Europa também pensarão nisso. A boa notícia é que novos empregos serão criados à medida que os empregos antigos forem perdidos.

Um artigo de 2017 na revista Forbes declarou que, enquanto sete milhões de empregos de manufatura nos EUA haviam desaparecido desde o pico de 1979, 53 milhões de empregos não manufatureiros haviam sido criados, e 33 milhões destes estavam em empregos de maior remuneração. Onde estava essa estatística durante as eleições presidenciais de 2016?! A OCDE é um pouco mais conservadora e simplesmente relata que foram criados consideravelmente mais empregos em indústrias e serviços de alta tecnologia dentro dos países da OCDE do que o número perdido na manufatura tradicional como resultado da globalização e da internet. No entanto, tente dizer isso às pessoas que perderam seus meios de subsistência no "cinturão da ferrugem" dos Estados Unidos, às regiões de produção tradicional do Reino Unido, ou às faixas de pessoas que têm perdido seus empregos em um setor varejista físico que encolhe rapidamente em todo Ocidente.

Então, embora máquinas e programas inteligentes possam de fato substituir um número significativo de empregos humanos em um futuro não muito distante, outros empregos surgirão — e se a globalização for algo a ser seguido, o número de novos empregos pode até mesmo ser maior do que o número de empregos tradicionais que foram perdidos. Na verdade, o Fórum Econômico Mundial acredita que a IA criará o dobro dos empregos que destrói.

Entretanto, como vimos com a globalização, esses trabalhos exigirão habilidades diferentes e provavelmente estarão localizados em diferentes partes do país. Todos nós teremos que aprender, desaprender e reaprender muitas vezes em nossas carreiras. E aprendemos com a globalização que a assistência do governo ou de nossos empregadores provavelmente será fragmentada e inadequada.

Caberá a cada um fazer sua própria transição.

Inteligência aumentada

A IA pode não ser algo a ser temido. Aceitá-la pode de fato ser a melhor solução — pois IA também significa "inteligência aumentada". A mistura de humanos, máquinas e programas de software inteligentes de autoaprendizagem auxiliará na melhoria dos trabalhos.

Os oncologistas são um caso brilhante. Quando foi anunciado que um software de reconhecimento de padrões poderia detectar melhor os cânceres em raios X do que um painel formado pelos melhores oncologistas, algumas pessoas começaram a temer pelo futuro da profissão. Esse medo era infundado. O software ajuda os oncologistas a se concentrarem em células que eles podem ter negligenciado. Eles agora deixam muito menos cânceres escaparem e os detectam muito mais cedo, permitindo-lhes continuar a salvar mais vidas do que nunca, com a ajuda de lasers e bisturis guiados por computador, se necessário.

Os profissionais de IA no mundo inteiro estão se esforçando para criar computadores com inteligência para formar suas próprias percepções. Os computadores podem filtrar montanhas de dados muito mais rapidamente do que nós, deixando conosco a capacidade de entendimento. A Anaplan faz exatamente isso. Seus algoritmos inteligentes permitem que os executivos tomem decisões mais informadas. Eles peneiram através de terabytes de dados e os transformam em conhecimento. Os executivos são então capazes de transformar esse conhecimento em insight e ação. Os algoritmos inteligentes da Anaplan não substituem os executivos; eles melhoram seu desempenho.

Mas os computadores não podem fazer isso sozinhos. Em um trem para Paris em 2017, sentei-me ao lado de uma brilhante jovem com doutorado em linguística que estava prestes a decolar para São Francisco para treinar a assistente do Google a reconhecer como o tom e a emoção humana é retratada através da voz. Dificilmente teríamos sequer sonhado com esse tipo de trabalho há alguns poucos anos.

Acredito que a IA provará ser mais útil como uma extensão da inteligência humana do que como uma substituta para ela. Podemos até mesmo ser capazes de aproveitar o poder da computação para nos tornarmos mais inteligentes. Quem já trabalhou em uma equipe totalmente funcional sentiu o efeito sinérgico de vários cérebros trabalhando juntos. Cada vez mais, nossas equipes incluirão computadores.

Os carros fazem parte do passado

Se acreditarmos nos decanos do Vale do Silício, pode levar menos de uma década para que as ruas estejam repletas de carros elétricos sem motoristas. Eu não me surpreenderia se Cingapura fosse a primeira cidade a ficar completamente sem motoristas. Estima-se que existam 1,3 bilhão de carros no planeta, com 94 milhões adicionais sendo fabricados a cada ano. Esses veículos ficam ociosos noventa por cento do tempo. Após a revolução dos carros sem motoristas, o mercado total de automóveis poderia encolher, alguns dizem que a nível mundial, a apenas cem milhões de veículos. Pense em uma indústria que vai mudar!

As empresas que lideram a revolução de automóveis sem motoristas não são apenas os tradicionais fabricantes como Toyota, Ford, VW, BMW e Fiat Chrysler, mas também incluem empresas como Google, Apple, Tesla, Intel e Bosch, além de empresas de tecnologia que poucos reconheceriam — Baidu, Nutonomy, Mobileye, Nvidia e FiveAI. A Intel comprou a Mobileye com sede em Israel por 15 bilhões de dólares.

As indústrias automobilística e tecnológica estão se fundindo. Assim como a indústria imobiliária comercial e a hoteleira. Quando um carro não tem motorista, ele se torna muito mais do que um carro. Pode ser transformado em um hotel sem motorista, uma sala de reuniões sem motorista, um escritório sem motorista, um cinema sem motorista ou uma loja ou academia... Quando você chegar em um aeroporto, pode ser que não seja um táxi que o encontre; pode ser seu quarto de hotel que o pega e leva para onde você vai passar a noite.

A ficção científica torna-se um fato científico. Em 9 de janeiro de 2018, a Toyota lançou um veículo dedicado a serviços de mobilidade e anunciou que se tornaria uma fabricante de salas usando seu veículo elétrico autônomo e-Palette, transformando-o em uma "empresa de serviços de mobilidade".

Tudo muda!

CAPÍTULO DOIS

A era dos centenários

Pergunte o que seu eu de vinte anos pensaria de você hoje. Convidamos você a pensar no que seu eu de setenta, oitenta ou cem anos pensaria de você agora.

LYNDA GRATTON[1]

Em 1900, a expectativa de vida média mundial ao nascer era de apenas 31 anos.[2] A expectativa de vida para um homem branco nos Estados Unidos em 1900 era de 47 anos e apenas 33 anos para um homem norte-americano de ascendência africana.[3] Hoje, essa estimativa é de aproximadamente 77 e 76, respectivamente.[4]

Em 2017, a expectativa de vida média mundial era de 81 anos, variando para 84 em Hong Kong, Japão, Cingapura e Itália; 83 em países como Suíça, Austrália, Islândia, França, Canadá e Coreia do Sul; 82 no resto da Europa continental, 81 no Reino Unido; 80 em Cuba; 79,5 nos Estados Unidos e entre 49 e 59 em grande parte da África.[5] A proporção de norte-americanos que atingem a idade de 65 anos triplicou desde 1900, de 30 para 90 por cento.[6] Cinco por cento dos homens britânicos agora vivem até 96 (98 para as mulheres).[7]

O dr. Lee, que citei no capítulo 1, prevê que nossa expectativa de vida poderá aumentar um ano para cada ano da década de 2030. Se ele estiver certo, até 2027, nossa expectativa de vida média poderá chegar aos noventa anos de idade. Um bebê nascido no Ocidente hoje tem cinquenta por cento de chance de viver até os cem anos.

Mas é muito melhor ser rico. A expectativa de vida pode variar em vinte anos ou mais, dependendo de onde você vive nos Estados Unidos, de acordo com um estudo da Universidade de Washington de 2017.[8]

Nós, humanos, não morremos mais em grande número devido a secas, enchentes, colheitas ruins ou fome. Na verdade, Três vezes mais humanos morrem por comer em excesso do que por desnutrição[9].

Três vezes mais humanos morrem por comer em excesso do que por desnutrição.

Também parece que não sucumbimos às doenças como nossos ancestrais sucumbiam, graças à imunização, aos antibióticos e ao fato de que nosso mundo está mais organizado. Cada surto de doenças novas e perigosas, até agora, têm sido contido — aids, gripe aviária, SARS, MERS, ebola; espero que até mesmo a covid-19…

Uma maneira lógica de aumentar ainda mais o tempo de vida humana seria desapegar o Ocidente de seu vício em açúcar, pois esse doce veneno parece ter tomado o lugar da fome e das doenças. Mais pessoas morrem hoje de diabetes e de cânceres causados pelo açúcar do que em decorrência de guerras, crimes, terrorismo ou suicídio.[10] Como Yuval Noah Harari disse em seu excelente livro *Homo Deus*, "o açúcar é agora mais perigoso do que a pólvora". Se quiser explorar esse assunto mais a fundo, dois filmes brilhantes que recomendo são *Fed Up* dos Estados Unidos e *That Sugar Film* da Austrália. Outra obra excelente sobre esse assunto é *Troque a faca pelo garfo*, que explora como uma dieta orgânica e vegetariana pode reverter o diabetes e até mesmo encolher certos tumores cancerígenos.

Mas, embora remover o excesso de açúcar de nossas dietas quase certamente nos ajude a viver mais tempo, se quisermos alcançar um salto quântico de longevidade, precisaremos recorrer aos laboratórios. Novos tratamentos agora usam o sistema imunológico de nosso próprio corpo para combater o câncer. A capacidade de cultivar nossos próprios órgãos em laboratórios está indo além da teoria. As células-tronco podem até mesmo ser usadas para revitalizar células antigas e retardar o processo de envelhecimento.

Será que o envelhecimento, um dia, poderia ser interrompido por completo?

Quem quer viver para sempre?

E se a morte fosse vista como um desafio técnico e não como uma certeza biológica?

Em 2013, o Google abriu uma empresa com esse ponto de vista. A Californian Life Company, ou Calico, foi lançada com o objetivo de "solucionar a morte". A Calico descreve a si mesma como:

Uma empresa de pesquisa e desenvolvimento cuja missão é aproveitar tecnologias avançadas para aumentar nossa compreensão da biologia que controla a vida útil. Utilizaremos esse conhecimento para elaborar intervenções que permitam às pessoas levar vidas mais longas e mais saudáveis.[11]

Será que a primeira pessoa que poderia viver até trezentos anos já nasceu?

CAPÍTULO TRÊS

Mudança climática

O perigoso poder da negação No belo centro-oeste, as temperaturas de resfriamento pelo vento estão chegando a quinze graus negativos, as mais frias já registradas. Nos próximos dias, espera-se que fique ainda mais frio. As pessoas não podem permanecer fora nem por minutos. Que raios está acontecendo com o aquecimento global? Por favor, volte rápido, precisamos de você!

DONALD TRUMP, PRESIDENTE DOS ESTADOS UNIDOS E ARQUI-INIMIGO DA MUDANÇA CLIMÁTICA, VIA TWITTER (OBVIAMENTE), 29 DE JANEIRO DE 2019

A mudança climática se tornou um campo de batalha. Não é apenas uma batalha entre o homem e a natureza; é também uma batalha entre ciência e dogma; entre cientistas que lidam com probabilidades e a maioria de nós, que confundimos probabilidades com adivinhações.

Nunca antes a ciência havia sido tão desacreditada. Nunca antes os motivos dos cientistas foram postos em questão de forma tão pública, partidária e emocional.

A razão é a esperança e o medo. Esperança de que os cientistas estejam errados e medo de que, se reduzíssemos drasticamente nossa produção de gases de efeito estufa ao nível recomendado, isso afetaria significativa e negativamente nossas economias e nossos padrões de vida. E o medo é compreensível. A economia global de hoje é regida por combustíveis fósseis, pecuária e, em menor medida, pelo óleo de palma — cada um dos quais está afetando de forma dramática e negativa o planeta como o conhecemos.

Mas a comunidade científica é conclusiva: a atividade humana está aquecendo nosso planeta a tal ponto que mudanças devastadoras podem se tornar irreversíveis em breve.

A atividade humana está aquecendo nosso planeta a tal ponto que mudanças devastadoras podem se tornar irreversíveis em breve.

E ainda assim, um número significativo de pessoas simplesmente não acredita na ciência — ou não quer acreditar nela. Elas são estimuladas por um pequeno, mas crescente, número de políticos populistas que são céticos a respeito da ciência climática ou que a negam completamente, e que acabam por aumentar as preocupações compreensíveis do eleitorado.

O ceticismo em relação às mudanças climáticas pode ser compreensível, mas não é lógico. Porque não importa qual seja o lado do argumento a que tendemos, todos nós podemos concordar com três fatos fundamentalmente irrefutáveis:

1. *O efeito estufa é real*: a energia solar absorvida na superfície da Terra é irradiada de volta para a atmosfera como calor. À medida que o calor percorre a atmosfera e volta para o espaço, os gases do efeito estufa absorvem grande parte dele, mantendo assim o planeta "quente". Sem ele, a maior parte da Terra seria um terreno baldio congelado e provavelmente nem sequer existiríamos.

2. *Os níveis globais de CO_2 em nossa atmosfera aumentaram drasticamente desde a revolução industrial*: os níveis têm se acelerado a um ritmo alarmante durante o último século. Segundo a NASA, o CO_2 em nossa atmosfera tem flutuado entre 180 ppm (partes por milhão) e 290 ppm durante os últimos quatrocentos mil

anos. Nos últimos cem anos, a concentração de CO_2 em nossa atmosfera subiu para mais de 409 ppm e ainda está aumentando. Um gráfico da NASA sobre esse assunto traz uma linha vertical que não mostra sinais de parar sua ascensão implacável. O CO_2, junto com o metano, é um gás de efeito estufa incrivelmente poderoso.

3. *Este dramático aumento nos níveis de CO_2 coincidiu com um aumento de dez vezes nas emissões de CO_2 produzidas pelo homem durante o mesmo período.*

No entanto, muitos políticos populistas e céticos argumentam que pode não haver qualquer ligação entre os números 3 e 2; que o dramático aumento de CO_2 produzido pelo homem seja a causa do dramático aumento dos níveis de CO_2 na atmosfera.

Acho isso desconcertante, porque a ciência é clara…

O US Met Office informou que a temperatura do mar subiu cerca de 1 °C desde o período pré-industrial.

O ano mais quente registrado em que não houve um aumento de temperatura do El Niño foi 2017.[1] A causa, segundo a Sociedade Meteorológica Americana, é que "os gases de efeito estufa dominantes liberados na atmosfera terrestre — dióxido de carbono, metano e óxido nitroso — aumentaram mais uma vez em 2017, atingindo novos recordes".

E 2018 foi ainda mais quente. Como os escritórios meteorológicos em todo o mundo relataram, os vinte anos mais quentes registrados ocorreram nos últimos 22 anos.

Então 2019 foi ainda mais quente novamente. Parece que a década de 2010 foi a mais quente de todos os tempos.

A elevação do nível do mar

O Painel Intergovernamental sobre Mudanças Climáticas (IPCC) concorda com a NASA e o Met Office. Seu relatório de 2014 concluiu que as emissões de gases de efeito estufa produzidas pelo homem estão agora em níveis "sem precedentes, pelo menos nos últimos oitocentos mil anos. É extremamente provável que seus efeitos tenham sido a causa dominante do aquecimento observado desde meados do século XX". Concluiu também que os oceanos "continuarão a aquecer e acidificar, e o nível médio global do mar a subir (entre 0,3 e 1 metro até 2100, dependendo do cenário)".

Mas, se o nível do mar está subindo como alega o IPCC, por que as Maldivas não estão debaixo d'água? Porque a elevação do nível do mar está *acelerando*. A previsão do IPCC baseia-se em uma extrapolação lógica do crescimento do nível do mar que temos visto desde 1900. O que muitos, inclusive eu, não conseguem entender é que a elevação do nível do mar não tem sido linear — tem sido exponencial.

O nível global do mar está em média entre 13 e 20 centímetros mais alto do que era em 1900, de acordo com o Instituto Smithsonian.[2] Isso tem sido pouco perceptível e certamente não o suficiente para transformar Malé em Atlântida.

O ponto crítico é que metade desse aumento ocorreu desde meados dos anos 1900.[3] Durante a maior parte do século XX, o nível do mar subiu entre 1,2 e 1,7 milímetro por ano, em média. Hoje a taxa é o dobro disso — cerca de 3,4 milímetros por ano.

Se o crescimento continuar a acelerar (o que é a suposição lógica), testemunharemos uma elevação média do nível do mar de quinze a vinte centímetros adicionais até meados dos anos 2040 e um aumento adicional de trinta a quarenta centímetros durante os 25 anos seguintes. O nível médio do mar em 2070 seria então de 45 a 60 centímetros mais alto do que hoje (por volta de sessenta a oitenta centímetros mais alto do que era em 1900).

Isto seria catastrófico — e é a trajetória em que nos encontramos atualmente.

Todos esses relatórios deveriam ser um divisor de águas. Infelizmente, há simplesmente muitos interesses instaurados que promovem a indústria da negação da mudança climática.

Quando as opiniões superam os fatos

Uma minoria de vozes, incluindo o 45º presidente dos Estados Unidos, parece descartar o próprio conceito de mudança climática causada pelo homem como um "triunfo dos defensores da sustentabilidade, burocratas e elites liberais"; como "o politicamente correto enlouquecido". Isso faz parte de um perigoso e crescente desdém em todo o Ocidente pelas opiniões de especialistas, com políticos oportunistas aproveitando para descartar as conclusões baseadas em evidências de milhares de cientistas de todos os continentes como "alarmismo".

Vivemos em um mundo estranho, onde opiniões sem fundamento parecem ter tanta credibilidade quanto os fatos, às vezes mais. Em 2012, Donald Trump tweetou: "O conceito de aquecimento global foi criado por e para os chineses a fim de tornar a fabricação norte-americana não competitiva", e seus comentários sem fundamento não foram destruídos; foram ridicularizados ou ignorados — por todos, exceto por sua ardente e leal base de apoio.

Vivemos em um mundo estranho, onde opiniões sem fundamento parecem ter tanta credibilidade quanto os fatos, às vezes mais.

Seis anos depois, em uma entrevista ao *60 minutes*, ele alterou um pouco sua postura: "Acho que algo está acontecendo. Algo está mudando e vai voltar ao que era", proclamou ele, não oferecendo nenhuma prova para a segunda parte dessa última frase. E então continuou: "Não acho que seja uma farsa. Eu acho que provavelmente há uma diferença. Mas eu não sei se isso está sendo causado pelo homem. Vou dizer o seguinte: eu não quero ceder trilhões e trilhões de dólares. Eu não quero perder milhões e milhões de empregos."

E aí está a questão. É uma questão monetária. Trata-se de empregos. O que ele na verdade está dizendo é que se trata de dinheiro e empregos a curto prazo. Mas ele não está apenas errado; ele também está fazendo a coisa errada pelo seu povo. Ele está renunciando a enormes oportunidades econômicas ao viver no passado.

Os Estados Unidos são o maior produtor histórico de gases de efeito estufa, e mesmo que a China agora produza mais por ano, os Estados Unidos são de longe o maior produtor de gases de efeito estufa per capita. Além disso, nós, no Ocidente, "terceirizamos" efetivamente nossas emissões de fábricas para a China com cada produto que importamos.

Não só o ex-presidente dos EUA recuou inúmeros programas ambientais instigados por seu predecessor, mas talvez o pior de tudo é que ele tirou os Estados Unidos do Acordo Climático de Paris.

O Acordo de Paris foi assinado por quase duzentos países em dezembro de 2015, em uma tentativa de criar uma resposta internacional mais eficaz para reduzir as emissões de gases de efeito estufa com a ambição final de limitar o aquecimento global a 2 °C. Os Estados Unidos são agora o único país do mundo não signatário do acordo.

Além do presidente

Felizmente, os governadores dos estados estão se posicionando diante do vazio de liderança criado pela administração Trump.

"Enquanto a Casa Branca declara guerra à ciência climática e se retira do Acordo de Paris, a Califórnia está fazendo o contrário e tomando medidas", disse o governador da Califórnia, Jerry Brown.

"Ao melhorar a eficiência energética e aumentar a energia renovável, a redução das emissões de CO_2 ajudou Oregon a atingir a taxa de crescimento de empregos mais rápida nos EUA", declarou a governadora do Oregon, Kate Brown.

"Mais de 57 mil empregos de energia limpa foram criados recentemente em Minnesota", disse Stephanie Zawistowski, assessora sênior de políticas do governador Mark Dayton.

Oregon, Califórnia e Minnesota fazem parte da bipartidária Aliança Climática dos Estados Unidos, que é composta por 15 estados e territórios, representando 116 milhões de norte-americanos. Todos se comprometeram a cumprir ou superar as metas do Acordo de Paris. O estado de Nova York reduziu as emissões do setor elétrico em quase cinquenta por cento desde 1990 e planeja deixar de usar carvão em 2021.

Mas isso não está restrito apenas aos Estados Unidos. Cerca de 94 das principais cidades (e a contagem segue) ao redor do mundo estão contornando seus governos nacionais, muitas vezes recalcitrantes, para enfrentar juntas a mudança climática. A C40 Cities ajuda as cidades-membros a "tomar medidas climáticas ousadas, liderando o caminho para um futuro mais saudável e sustentável". As cidades incluem Nova York, Boston, Filadélfia, Los Angeles, Londres, Paris, Madri, Barcelona, Lisboa, Adis Abeba, Nairóbi, Lagos, Cidade do Cabo, Johanesburgo, Hong Kong, Saigon, Cingapura, Sydney, Melbourne, Auckland... e representam mais de setecentos milhões de habitantes e um quarto da economia global.

Uma organização separada, The Global Covenant of Mayors, é uma aliança global similar de mais de dez mil cidades e governos locais de seis continentes e 138 países. O ICLEI é uma comunidade mundial de 1,75 mil governos locais e regionais que promove e possibilita o desenvolvimento urbano sustentável e de baixa emissão. UK100 é uma rede de líderes de governos locais que se comprometeram a mudar para cem por cento de energia limpa até 2050.

Quando se trata de mudança climática, muitos governos nacionais são muito lentos ou não estão dispostos a agir. Felizmente, em todo o mundo, os governadores regionais, locais e municipais estão tomando as medidas necessárias. Eles sabem que ignorar a mudança climática provavelmente custará bilhões. Eles também sabem que economias que negam as mudanças climáticas perderão as futuras ondas de geração de empregos em novas indústrias promissoras. A adoção da ciência climática abre novas oportunidades na economia de baixo carbono do futuro.

Não se trata de voltar à Idade das Trevas; trata-se de aceitar o futuro.

CAPÍTULO QUATRO

Boyan Slat e os millennials

O pessimismo é o que preserva o status quo. O otimismo é o que nos impulsiona para a frente.

BOYAN SLAT[1]

Inundação de plástico

Existem mais de cinco trilhões de pedaços de lixo plástico em nossos oceanos.[2] E isso só piora.

De acordo com a dra. Jenna Jambeck, da Universidade da Geórgia, entre oito e doze milhões de toneladas de plástico são lançadas em nossos oceanos a cada ano.[3] Só o Rio Danúbio, na Europa, leva aproximadamente 1,7 mil toneladas de plástico para o mar todo ano.[4] Em 2014, voluntários da International Coastal Cleanup recolheram em apenas um dia mais de 5,5 mil toneladas de lixo de nossas praias. Cerca de quinhentos bilhões de sacos plásticos são usados por ano, e no ano passado cem bilhões de garrafas plásticas foram vendidas somente nos Estados Unidos.

Os cientistas da Universidade de Ghent na Bélgica calcularam que os fãs de frutos do mar ingerem até 11 mil fragmentos de plástico em suas refeições a cada ano. Absorvemos menos de um por cento do plástico, mas ele se acumula no corpo com o tempo. Um estudo da Universidade de Plymouth relatou que foi encontrado plástico em um terço dos peixes capturados no Reino Unido.[5]

Transportado pelas correntes oceânicas, todo esse plástico acaba se acumulando em enormes emaranhados nos oceanos. Há até mesmo uma "ilha" no Mar Mediterrâneo, a Porção de Lixo do Mediterrâneo, que contém 250 bilhões de pedaços de plástico que perfazem quinhentas toneladas de lixo. Mas isso se torna insignificante quando comparado com a Grande Porção de Lixo do Atlântico, a Porção de Lixo do Oceano Índico e, a mãe de todas elas, a Grande Porção de Lixo do Pacífico, localizada entre a Califórnia e o Havaí. Estima-se que esta contenha até 3,6 trilhões de pedaços de plástico e pese cem mil toneladas, em uma área de aproximadamente 1,6 milhão de quilômetros quadrados, duas vezes maior que o Texas ou três vezes maior que a França (sete vezes maior que o Reino Unido).[6] As águas de superfície da Grande Porção de Lixo do Pacífico contêm 180 vezes mais plástico do que a vida marinha em peso. Basta ler esses números novamente. O que diabo estamos fazendo com nossos oceanos?

Para nos salvar, chegou um incrível garoto de 18 anos. Em fevereiro de 2013, o adolescente norueguês Boyan Slat desistiu de seus estudos de Engenharia Aeroespacial na TU Delft para fundar a The Ocean Cleanup, cujo objetivo era limpar cinquenta por cento da Grande Porção de Lixo do Pacífico em cinco anos. Seu primeiro protótipo foi implantado em junho de 2016, e a organização lançou o primeiro sistema operacional em escala real na Grande Porção de Lixo do Pacífico em setembro de 2018.

Eles desenvolveram um sistema passivo, que se move com as correntes, assim como o plástico, para coletá-lo. O sistema da The Ocean Cleanup é composto por um flutuador com uma tela sólida por baixo, concentrando os detritos e levando-os a um sistema de coleta. O sistema é desacelerado por uma âncora de deriva suspensa a uma profundidade aproximada de seiscentos metros, fazendo com que o sistema se movimente mais lentamente do que o plástico e, portanto, o pegue. Eles planejam transformar os plásticos de menor qualidade em combustível diesel e reciclar o plástico de maior qualidade para ajudar a financiar o projeto de limpeza.

Boyan Slat foi a pessoa mais jovem a receber a mais alta distinção ambiental da ONU: Campeão da Terra. Em 2015, sua Alteza Real, o rei Haroldo da Noruega, concedeu a Boyan o Prêmio Jovem Empreendedor da Indústria Marítima. A *Foreign Policy* incluiu Boyan em sua lista de líderes de pensamento proeminentes de 2015, a *Forbes* o incluiu, em 2016, na sua edição de trinta personalidades com menos de trinta anos, e a *Reader's Digest* o escolheu como o Europeu do Ano em 2017. Naquele ano ele também recebeu o prêmio Thor Heyerdahl e foi nomeado um dos cem empreendedores mais intrigantes do mundo pela Goldman Sachs. Boyan é membro da Thiel Fellowship. A The Ocean Cleanup foi escolhida pela revista *TIME* como uma das 25 melhores invenções de 2015.

A determinação e a garra de Boyan podem, assim esperamos, estimular os governos a investir em tecnologias de reciclagem robustas, e indústrias e fabricantes a se livrarem das toneladas de plástico desnecessários em que nossos alimentos e mercadorias vêm embrulhados. Grandes mudanças precisam acontecer.

Os millennials

Boyan Slat é um dos mais impressionantes de sua geração: os millennials. Amo os millennials. Essa geração está agora na casa dos vinte e poucos anos e começa a impactar o mundo que herdaram. A geração de seus pais é mais próspera do que eles jamais poderão ser coletivamente, e os millennials terão que esperar até que eles tenham mais de sessenta anos para herdarem qualquer coisa, pois seus pais estão vivendo muito mais — se sobrar muito para herdar depois dos custos dos cuidados com idosos. Além disso, a geração anterior está permanecendo no trabalho por mais tempo. Cerca de 22 por cento da força de trabalho dos EUA tem 55 anos ou mais, contra apenas 12 por cento há vinte anos. Prevê-se que esse número aumente para 25 por cento até 2024.

Mesmo com tudo isso indo contra eles, os millennials são idealistas. Eles têm um senso de propósito. Quando minha geração deixou a escola, nós queríamos ganhar a vida. Essa geração quer fazer diferença. E eles falam sério. Eles não se juntarão a empresas que não se importam com a responsabilidade social corporativa ou a sustentabilidade, e deixarão as organizações se descobrirem que os executivos não estão realmente cumprindo os valores corporativos que são impressos nos relatórios anuais. Eles trabalham duro e são dedicados, mas também exigem o equilíbrio entre trabalho e vida pessoal desde o início. Vários da minha geração os consideram arrogantes e preguiçosos, porque não querem trabalhar sessenta horas por semana ou virar a noite por conta de um cliente. Eles estão errados. "Eles vão trabalhar duro, mas não para o seu emprego ruim" é um artigo que explica sucintamente o porquê.[7]

Minha geração e a geração anterior fizeram do mundo um lugar mais próspero. As duas últimas gerações tiraram milhões, se não bilhões, de pessoas da pobreza. Mas também criamos um fosso de desigualdade imoral e altamente perigoso. Em 1965, o CEO médio de uma grande empresa norte-americana ganhava vinte vezes mais do que (seu) trabalhador médio. Hoje a proporção ultrapassa trezentos[8] — um CEO pode ganhar em um dia o que muitos de seus trabalhadores ganham em um ano. A desigualdade na riqueza é igualmente ampla. Os 0,1 por cento de cima possuem tanto quanto os noventa por cento "inferiores" da população.

E, como Boyan deve ter notado, nós entulhamos o planeta massivamente. Estamos passando para os millennials um mundo cheio de maravilhas e oportunidades científicas, mas também de riscos incalculáveis e problemas graves. Eu tenho muita fé na próxima geração. Se pudermos simplesmente soltar as rédeas deste precioso planeta, os millennials podem salvá-lo.

Se pudermos simplesmente soltar as rédeas deste precioso planeta, os millennials podem salvá-lo.

CAPÍTULO CINCO

A maneira como trabalhamos mudou para sempre

A habilidade mais importante para os humanos no século XXI será a capacidade de se reinventar, devido ao rápido ritmo das mudanças tecnológicas, especialmente no mercado de trabalho.

YUVAL NOAH HARARI[1]

O "emprego para a vida toda" já era. Os dias de "carreira para a vida toda" também já não existem mais. Há não muito tempo, seu currículo precisava mostrar estabilidade; quanto menos empregadores, melhor. Hoje, isso significaria falta de iniciativa, talvez até mesmo falta de talento.

O subemprego está em ascensão. Os números historicamente baixos do desemprego de nossas nações escondem números drásticos de subemprego. No Reino Unido, na Austrália e nos Estados Unidos, se você trabalha apenas uma hora de trabalho remunerado, você é classificado como "empregado". De acordo com uma pesquisa pré-covid com novecentas mil pessoas realizada pelo Payscale.com, 46 por cento dos trabalhadores norte-americanos acreditavam estar subempregados. A Gallup calcula o número como sendo 14,1 por cento, ainda muito mais alto do que a taxa de desemprego oficial pré-covid, cerca de quatro por cento na época.

O autoemprego também está em ascensão. Dez por cento dos norte-americanos são trabalhadores autônomos. Mais de um em cada sete britânicos é trabalhador autônomo. Há quarenta anos, essa proporção era de um em onze. Existem agora cinco milhões de autônomos no Reino Unido e 32 milhões de pessoas trabalhando por conta própria. Quase nove milhões (27 por cento) têm empregos de meio-período.[2]

Se você é inclinado politicamente para a direita, deduzirá que este *boom* do autoemprego "ajudou a impulsionar uma recuperação de empregos", que subiu de setenta por cento em 2011 para um recorde de 76 por cento em 2018.[3]

Se você é inclinado para a esquerda, considerará o aumento do autoemprego como algo que "torna salários e aposentadorias mais baixos e corrói a segurança no trabalho e a receita tributária".[4] Obviamente, nem todos os trabalhadores autônomos são empresários de sucesso! Muitos estão com contratos de zero horas, sem saber quando o próximo salário chegará ou quanto receberão. O Instituto Britânico de Estatísticas Nacionais informa que, nos últimos cinco anos, menos pessoas deixaram o trabalho independente do que em qualquer período dos últimos vinte anos, o que sugere que elas têm enfrentado dificuldades para encontrar um emprego alternativo durante o prolongado mal-estar econômico.

Cada vez mais, o subemprego e o autoemprego andam de mãos dadas.

Autônomos, ansiosos e com salários baixos: bem-vindos à *gig economy*

A "*gig economy*" ("economia dos 'bicos'"), liderada por empresas como Uber e Airbnb, está sob escrutínio global. O que começou como "economia compartilhada", em que pessoas podiam alugar um quarto ou usar seu carro como um táxi ocasional, rapidamente se transformou em negócios que parecem estar aproveitando a fraca posição de negociação de seus "funcionários". "Mas nossos motoristas realmente valorizam o horário flexível de trabalho" é uma afirmação correta (veja a seguir), mas isso mascara o fato de que muitos motoristas da Uber na verdade não têm escolha. Muitos deles eu definiria como "trabalhadores pobres" — sem estabilidade, salário mínimo, benefícios ou direitos.

Oitenta por cento dos motoristas da Uber de Londres dizem que preferem horários flexíveis a horários fixos. De acordo com um estudo da Universidade de Oxford, realizado em 2018, 82 por cento dos motoristas da Uber de Londres "concordam totalmente" com a afirmação "ser capaz de escolher meu próprio horário é mais importante do que ter pagamento de férias e um salário mínimo garantido", e 84 por cento dizem: "Não quero trabalhar para uma empresa tradicional no caso de perder a flexibilidade que tenho." Cerca de 93 por cento concordam com a afirmação. "Fiz uma parceria com a Uber para ter mais flexibilidade na minha agenda e equilibrar minha vida profissional e familiar." Quase todos os motoristas tinham empregos antes de ingressar na Uber e, apesar de quase metade deles afirmarem que sua renda tinha aumentado desde a adesão, três quartos dos motoristas da Uber relataram uma renda menor do que o salário semanal bruto médio de Londres.

Com a Uber, eles são menos pobres do que costumavam ser. Eles também estão mais ansiosos. Como explicou o dr. Berger, membro associado do Programa Martin sobre Tecnologia e Emprego, de Oxford, "Os motoristas da Uber relataram mais ansiedade do que aqueles em empregos assalariados, uma descoberta consistente com estudos anteriores mostrando que trabalhadores autônomos estão mais satisfeitos com suas vidas, mas também experimentam mais emoções negativas."

Na sexta-feira, 10 de maio de 2019, a Uber entrou na Bolsa de Valores de Nova York com uma valorização de 76,5 bilhões de dólares, enriquecendo seus acionistas e executivos em uma extensão insondável. Ao mesmo tempo, os motoristas da Uber estavam fazendo greve nas capitais de todo o mundo por sua baixa remuneração e total falta de proteção.

A Uber é a menina dos olhos do Capitalismo Irresponsável: um negócio sem nenhum plano realista para obter lucro (atualmente perde três bilhões de dólares por ano) que fornece serviços de táxi baratos globalmente explorando os "trabalhadores pobres" enquanto transforma um punhado de pessoas em bilionários. (E, ainda assim, o serviço que oferece é fantástico!)

Os pontos baixos do polo comercial

A Amazon está matando o varejo tradicional. Os polos comerciais do Ocidente estão perdendo uma loja atrás da outra, pois estamos fazendo mais compras on-line. Os centros comerciais afastados das cidades, que já foram os prediletos dos investidores em todo o mundo, também estão morrendo. Os bancos continuam a fechar agências, pois dificilmente as utilizamos. A única coisa pela qual usei uma agência bancária na última década foi para depositar um cheque. Agora meu aplicativo bancário me permite até mesmo escanear o cheque usando a câmera do meu telefone e ele é imediatamente depositado na minha conta. As agências estão se tornando redundantes — assim como as pessoas que costumavam trabalhar nelas.

Os polos comerciais vão evoluir. Eles se tornarão lugares de interação social, não apenas de compras. Lugares onde vamos para comer, beber e socializar enquanto os robôs do supermercado escolhem nossas compras e os drones da Amazon entregam todo o resto.

A lealdade do empregador continua a diminuir

Para muitas empresas, nós somos simplesmente recursos — "recursos humanos". A redundância é uma experiência normal, uma experiência que viveremos várias vezes em nossas carreiras. Ainda que todas as vezes ela pareça um golpe no plexo solar, nós simplesmente temos que lidar com ela.

A lealdade do empregador e a dos funcionários também está se tornando um conceito de uma era passada. A geração mais recente entende isso completamente.

No futuro, seremos ainda mais autônomos. Mudaremos de emprego com frequência e faremos malabarismos com vários empregadores/clientes ao mesmo tempo.

Um sócio sênior de uma das maiores empresas de consultoria global do mundo me disse que o futuro modelo para sua empresa era "um grupo central de (muito menos) empregados gerando empregos para um grande número de empreiteiros conforme necessário". Nossos empregos, nossas carreiras, nosso desenvolvimento de habilidades e nosso modo de vida estão todos em nossas mãos.

A lealdade do empregador e a dos funcionários também está se tornando um conceito de uma era passada.

Não temos outra escolha senão aceitar a mudança.

Aceite a mudança

Apenas arranhamos a superfície com todos os tópicos abordados na Parte um.

Não mencionamos sequer uma miríade de grandes avanços tecnológicos, como a modificação genética (MG) ou a engenharia genética (EG), ambos dividindo as pessoas em dois pólos completamente opostos e inatacáveis, como Donald Trump, Brexit e Marmite. MG e EG ou são totalmente malignos ou os salvadores da raça humana. A modificação genética das culturas produz cepas de trigo resistentes a doenças que poderiam ser usadas para alimentar o mundo, mas também tememos as consequências desconhecidas da alteração da natureza de uma forma tão fundamental. Mas não são só as plantas que estão sendo modificadas. Cientistas na China criaram bebês ratos totalmente funcionais a partir do DNA de duas fêmeas de ratos em 2018. Nenhum rato macho chegou perto do processo. Mais tarde naquele ano, duas meninas gêmeas, Lulu e Nan, se tornaram os primeiros bebês editados com genoma germinativo do mundo — uma tentativa de criar seres humanos resistentes ao HIV através da modificação de DNA. O pesquisador biofísico responsável pela experiência, He Jiankui, está preso desde então.

As implicações biológicas e éticas de tudo isso são um campo minado. O futuro está se moldando para ser uma coisa completamente diferente do que nossa espécie, nosso planeta, nossas organizações e nós já experimentamos. A maneira como vivemos, a maneira como trabalhamos, a maneira como as organizações operam, a maneira como nossos governos trabalham, tudo vai mudar, e as mudanças serão dramáticas. Como escrevi em *The Change Catalyst*:[5]

Cada um de nós tem uma escolha simples:

1. **Nós podemos ser avestruzes:** enfiar a cabeça na areia e fingir que a mudança não está acontecendo. Ou pior, convencer-nos de que não podemos fazer nada a respeito. Então, quando a mudança inevitavelmente chega, podemos nos basear em nossa gloriosa vitimização, ou…
2. **Podemos ser leoas** (os leões são preguiçosos): enfrentar o futuro de frente, aceitar as mudanças, encontrar as oportunidades e fazer o nosso melhor para colher as recompensas do novo mundo.

O objetivo deste livro é ajudar você a canalizar sua leoa interior.

PARTE DOIS

A psicologia da mudança

Você tem poder sobre sua mente, não sobre eventos externos.
Entenda isso e você encontrará força.

MARCO AURÉLIO[1]

Inúmeros projetos de pesquisa foram realizados por inúmeros acadêmicos sobre a psicologia da mudança e os resultados podem ser resumidos em linhas gerais:

> Nós, humanos, não gostamos de mudanças. Na verdade, resistimos naturalmente a isso. Erguemos barreiras para a mudança; criamos obstáculos que colocamos em nosso próprio caminho. No entanto, muitos desses obstáculos são imaginários. Eles são produto de nossas próprias crenças, preconceitos e pensamentos. Eles são produto das histórias que contamos a nós mesmos — sobre nós mesmos. Podemos superá-los.

A única maneira de contornar esses obstáculos é, primeiro, perceber que eles existem e, depois, perceber que nós mesmos os colocamos lá.

Então, e somente então, podemos começar a elaborar algumas estratégias e táticas para minimizá-los ou contorná-los.

Este livro o ajudará a reconhecer as barreiras que você ergue para mudar e o ajudará a encontrar maneiras de superar essas barreiras de mudança. Por fim, ele o auxiliará a planejar e a aceitar o futuro.

Pois o poder de mudar está dentro de cada um de nós.

Está, em um sentido muito real, tudo na mente.

CAPÍTULO SEIS

O poder da mente

O corpo alcança o que a mente acredita.

ANÔNIMO

A mente humana é incrível — etérea e, ao mesmo tempo, muito real. É a ferramenta mais poderosa que possuímos, mas estamos apenas começando a compreender seu poder. Nossa mente pode nos fazer sentir dor física quando na verdade não existe nenhuma. Ela também pode reduzir os efeitos da dor física genuína, às vezes removendo-a completamente. Nossa mente pode nos fazer sentir mal. Pode nos fazer sentir bem. Pode nos deixar deprimidos. Pode nos deixar ansiosos. Pode nos fazer felizes. Pode nos deixar eufóricos. Pode fazer nosso coração correr e nossa temperatura subir — sem nenhuma causa física. Também pode acalmar nosso pulso e resfriar nosso corpo — puramente através do poder do pensamento; o poder do sentimento; o poder da mente.

O efeito placebo

Um dos exemplos mais incríveis do poder da mente é o efeito placebo. "Sim, já sei sobre os placebos", eu posso ouvi-los exclamar enquanto revira seus olhos. "Se nos são dados comprimidos de açúcar, mas pensamos que são remédios reais, então uma porcentagem significativa de pessoas realmente se sentirá melhor. Nossa mente permitirá que nosso corpo cure a si mesmo."

Um dos exemplos mais incríveis do poder da mente é o efeito placebo.

Mas isso não é tudo. Alguns, mesmo ao saber que não há absolutamente nada nas pílulas, ainda assim melhoram! É o ato de tomar a pílula que de alguma forma desencadeia a cura — mesmo quando sabemos que não há ingrediente ativo de qualquer natureza no "remédio" falso que estamos tomando. Por mais inacreditável que possa parecer.

A *New Scientist* relatou um caso exatamente assim:

> Linda Buonanno sofria com a síndrome do intestino irritável há quinze anos quando viu um anúncio de TV recrutando participantes para um novo estudo. Desesperada por ajuda, ela se inscreveu, mesmo depois de saber que os tratamentos potenciais que lhe seriam oferecidos consistiriam em nada — ou em pílulas cheias de nada. Quando a experiência terminou, ela implorou aos pesquisadores que a deixassem ficar com as pílulas. "Eu me senti fantástica", disse Buonanno. "Eu me senti quase como antes de adoecer. Foram as três melhores semanas da minha vida." Desde então, ela tem tentado conseguir mais pílulas.[1]

Imagine um futuro no qual seu médico prescreva abertamente um placebo que permita a sua mente curar seu corpo. Imagine também um futuro em que seu médico prescreva uma série de meditações. A meditação também pode ter um efeito semelhante. Ela não apenas aumenta nossa capacidade de pensar claramente, mas também libera endorfinas que proporcionam uma sensação natural de euforia. A meditação pode causar mudanças físicas reais no corpo.

Cirurgia placebo

Agora vamos imaginar um mundo ainda mais estranho; um mundo no qual seu médico prescreva uma cirurgia fictícia! Sim, a cirurgia placebo não é apenas "ideia", já foi até provada que funciona...

Em 2002, o *New England Journal of Medicine* relatou um ensaio em que 180 pacientes foram enviados para uma artroscopia do joelho por osteoartrose. Os pacientes foram distribuídos aleatoriamente em três grupos — dois grupos receberam diferentes tipos de cirurgia artroscopia. O terceiro foi submetido a uma "cirurgia placebo". Os pacientes do grupo placebo receberam incisões na pele, mas sem a inserção do artroscópio; nada foi feito em seus joelhos. Os resultados foram avaliados em vários momentos durante um período de 24 meses, incluindo um teste objetivo de caminhada e subida de escadas. Um total de 165 pacientes completaram o teste.

O resultado? Não houve uma "diferença clinicamente significativa" entre o placebo e qualquer um dos outros grupos. Em nenhum momento algum dos grupos de intervenção relatou menos dor ou melhor funcionamento do que o grupo placebo. Os resultados dos pacientes que foram submetidos à cirurgia real não foram melhores do que aqueles que receberam o procedimento placebo. Basta pensar nisso por um segundo ou dois.

Nossa mente pode nos fazer bem.

Pode também nos fazer adoecer.

O efeito nocebo

Há também o que se chama efeito "nocebo", ou seja, pensar em sintomas e, de fato, trazê-los à tona. Mas não apenas sintomas, na verdade podemos nos deixar fisicamente doentes apenas através do poder da mente. Os aborígenes australianos sabem disso há milênios. "Apontar o osso" era uma tradição antiga que colocava uma maldição de morte sobre o receptor que, se soubesse e acreditasse naquilo, quase inevitavelmente morreria.

Como diz Laird Hamilton, prolífico surfista de ondas grandes e inovador, "Certifique-se de que seu pior inimigo não viva entre suas duas orelhas."

Pensamentos e crenças negativas podem liberar cortisol, o "hormônio do estresse", o que na verdade enfraquece nosso sistema imunológico. Cortisol em excesso "pode desregular as funções mais importantes de seu corpo e levar a uma série de problemas de saúde, incluindo: ansiedade e depressão, dores de cabeça, doenças cardíacas, problemas de memória e concentração, problemas de digestão, problemas para dormir e ganho de peso".[2]

Nossos pensamentos negativos podem realmente nos deixar fisicamente doentes, e a hipótese é que podemos ter dezenas de milhares de pensamentos negativos por dia.

Mas nossa mente também pode nos fazer voar, pois ela nos dá o poder de imaginar e sonhar. Possivelmente, ao contrário de qualquer outro animal, temos a capacidade de imaginar coisas que ainda não aconteceram. Isso pode ser incrivelmente poderoso. Os profissionais de golfe falam em visualizar a tacada antes de acertar a bola. É como os empreendedores de sucesso começam: imaginar como é o sucesso é o primeiro passo para se esforçar para alcançá-lo.

Nada pode parar o homem com a atitude mental certa de alcançar seu objetivo; nada na Terra pode ajudar o homem com a atitude mental errada.

THOMAS JEFFERSON[3]

CAPÍTULO SETE

Toda mudança é pessoal

Toda mudança é pessoal. Toda mudança é emocional.

CAMPBELL MACPHERSON

A mudança ocorre de várias formas, social, política, organizacional e pessoal. Mas o denominador comum a todos esses diferentes tipos é o último: toda mudança é pessoal.

A mudança organizacional mais complexa é na verdade a junção de centenas e milhares de mudanças individuais e pessoais. Como lembro repetidamente a líderes empresariais: "Somente seus funcionários podem realizar a sua estratégia. Somente seus funcionários podem realizar a mudança que seu negócio exige." Se os CEOs desejam ser bem-sucedidos, eles devem investir tempo e energia para ajudar no processo de mudança de cada um de seus funcionários — em cada nível da organização, começando com os membros da diretoria e líderes. A alternativa é a mudança, estratégia, fusão ou aquisição em

Iniciativas de mudança fracassadas não engajam adequadamente os funcionários.

questão fazer parte do 88 por cento que não alcançarão os resultados esperados.

Iniciativas de mudança fracassadas não engajam adequadamente os funcionários. O engajamento genuíno inclui a escuta. Também requer tratar cada pessoa como o indivíduo que ela é: com motivações, aspirações e necessidades individuais.

Eu também prego aos CEOs que, quando se trata de mudança, as emoções triunfam sempre sobre a lógica. As emoções dominam nossas decisões. Não importa quão sênior você seja ou quão lógico você possa pensar que é, suas decisões são governadas por suas emoções. Portanto, aconselho os líderes de mudança a trabalharem duro para encontrar os gatilhos emocionais de cada um de seus executivos e gestores e para permitir que seus gestores façam o mesmo por seus funcionários. Imploro aos líderes empresariais que invistam na ajuda necessária para seus funcionários fazerem as mudanças — pois tal investimento trará enormes dividendos.

No entanto, tenho uma mensagem ainda mais importante para todos que leem este livro: você tem as chaves do seu próprio futuro.

Se quiser mudar, você mesmo terá que o fazer. Não adianta esperar que outra pessoa faça isso por você, pois pode ser que a ajuda não chegue. Você terá que ajudar a si mesmo a fazer a transição. Seu futuro está em suas mãos.

Não é o tamanho da mudança que importa no final, nem se a mudança foi imposta a você. A parte mais importante de aceitar a mudança é a reação a ela.

A maneira como você escolhe reagir fará toda a diferença. E a escolha é sua. Você está no assento do motorista. Quando a mudança acontece, sua reação depende inteiramente de você.

Toda mudança é, de fato, pessoal.

CAPÍTULO OITO

Toda mudança é emocional

Ao lidar com pessoas, lembre-se de que você não está lidando com criaturas lógicas, mas emocionais.

DALE CARNEGIE[1]

A emoção sempre supera a lógica. Isso é especialmente verdadeiro quando se trata de mudança.

Cada decisão que tomamos é guiada por nossas emoções. De fato, se não tivéssemos emoções, não seríamos capazes de tomar decisões de forma alguma.

O professor e neurocientista António Damásio[2] descobriu isso após um estudo com pessoas que tinham danificado a parte do cérebro onde as emoções são geradas, ou que nasceram com lesão nessa área. Elas eram como o Spock de *Jornada nas Estrelas* — incapazes de sentir as emoções. Incrivelmente, elas também não conseguiam tomar decisões! Mesmo decisões simples, como o que comer ou o que vestir, são impossíveis de serem tomadas puramente com lógica. As decisões exigem emoções. As pesquisas do professor Damásio mostram que as emoções desempenham um papel central na cognição social e na tomada de decisões. Não apenas nossas emoções impulsionam nossas decisões, mas também não seríamos capazes de tomar decisões sem elas!

A emoção é quatro vezes mais poderosa do que a lógica. Um estudo realizado pelo Corporate Executive Council, em 2004, com cerca de cinquenta mil funcionários, mostrou que, quando se trata de engajá-los, o compromisso emocional é quatro vezes mais poderoso do que o compromisso racional. Quatro vezes.

Os profissionais de marketing de sucesso sabem disso. Toda campanha publicitária de sucesso brinca com nossas emoções — nos fazem rir, chorar, toca nossos corações, nos irrita, nos faz sentir ciúmes... Por que outra razão usariam um labrador bonito para vender papel higiênico? Ou ondas espumosas que se transformam em majestosos cavalos brancos para vender a cerveja Guinness?

Os políticos bem-sucedidos também conhecem muito bem o poder das emoções. Todas as campanhas eleitorais bem-sucedidas jogam com nossas emoções, como foi amplamente ilustrado durante o referendo da UE de 2016 no Reino Unido. A campanha calamitosa de David Cameron para que a Grã-Bretanha permanecesse na UE ignorou completamente o fato de que são nossas emoções que impulsionam nossas decisões. Curiosamente, o agora ex-primeiro-ministro admitiu esse erro dois anos depois, enquanto refletia sobre o referendo em seu discurso de abertura de uma conferência em Londres na qual eu também estava palestrando.

Em 2016, Cameron tentou convencer as pessoas a votar "Permanecer" por meio de uma mistura de lógica, estatísticas, opinião de especialistas e medo. As pessoas precisavam de uma razão emocional positiva para votar na UE — e nenhuma se aproximava.

Em contraste direto, a campanha para "Sair", com o oportunista Boris Johnson servindo como líder, apelou para as emoções de milhões de eleitores com um slogan brilhante, "Vote Sair e Recupere o Controle", um nome cativante ("Brexit") e a promessa de um futuro melhor fora da UE. Eles jogaram com um medo arraigado de estrangeiros entre uma minoria significativa de britânicos (33 por cento dos eleitores que votaram pela saída tiveram a imigração como principal razão). Eles jogaram com um anseio comum entre os eleitores mais velhos, sessenta por cento dos quais votaram para sair. Foi dada esperança à "classe trabalhadora", que havia ficado para trás pela globalização e pela livre circulação de pessoas. Eles jogaram com os sentimentos de longa data do excepcionalismo britânico. Eles também jogaram com a emoção mais poderosa de todas quando se trata de política: o patriotismo. Votar em "Sair" significava votar na Grã-Bretanha. Boris Johnson e companhia deram ao eleitorado a crença de que a Grã-Bretanha não só poderia ficar sozinha, como — pegando emprestado o slogan sem sentido, mas altamente bem-sucedido de Donald Trump (que ele pegou emprestado dos presidentes Reagan e Clinton antes dele) — a Grã-Bretanha poderia ser "Grande" novamente.

A emoção sempre supera a lógica.

Como o mundo agora sabe, funcionou. O Reino Unido votou para deixar a UE em 52 por cento a 48 por cento.

A emoção sempre supera a lógica.

É interessante notar que a votação no referendo foi dividida de quase todas as maneiras possíveis — pobre vs. afluente, desistente vs. universitário, interior vs. cidade grande, Inglaterra e País de Gales vs. Escócia e Irlanda do Norte. Setenta por cento dos londrinos votaram para "Permanecer". Isso expôs uma série de dilemas morais. Será que deveriam esses 52 por cento dos que votaram ter sido um obstáculo suficiente para tal decisão de mudança da nação? Os jovens de 16 e 17 anos deveriam ter sido autorizados a votar (como no referendo de independência escocês), visto que é o futuro deles que será afetado? Cerca de 750 mil cidadãos da Comunidade das Nações residentes no Reino Unido tiveram permissão para votar (e é amplamente esperado que a maioria tenha votado "Sair"), mas três milhões de cidadãos da UE residentes no Reino Unido não tiveram permissão para votar. Outros setecentos mil expatriados britânicos que estavam fora do país há quinze anos ou mais também não tiveram permissão para votar. Este plebiscito mal planejado dividiu — e mudou — uma nação para sempre.

Vinte e oito por cento dos eleitores registrados não votaram no referendo britânico, 17,4 milhões votaram para sair, 16,1 milhões votaram para permanecer e 12,9 milhões de eleitores registrados não votaram. O Reino Unido deixou a UE por causa da vontade de 38 por cento dos eleitores registrados que votaram em vários tipos diferentes de Brexit — incluindo um modelo ao estilo da Noruega, em que o Reino Unido continuaria a fazer parte do mercado único, mas não da união alfandegária; um modelo "além da Noruega", que inclui uma forma de união alfandegária; um acordo de livre comércio ao estilo do Canadá; ou um Brexit "sem acordo", que veria o Reino Unido sair e depois começar a negociar. A partir do final de julho de 2020, cada uma dessas opções ainda está teoricamente sobre a mesa. A única certeza matemática é que a maioria da população do Reino Unido ficará desapontada com qualquer forma de Brexit que finalmente surja.

Outra reflexão sobre o Brexit é que os demais eleitores, como eu, precisam aceitar a mudança, seguir em frente e procurar as oportunidades. Vamos manter isso em mente quando chegarmos à curva de mudança da plataforma em chamas no capítulo 10.

Naturalmente, quando se trata de mudança, precisamos de uma combinação de lógica e emoção — usando a emoção para aprimorar e construir algo junto com a lógica.

Para explorar um pouco mais isso, olharemos uma questão com a qual muitos de nós lidamos diariamente — a perda de peso.

Perder peso: quando a emoção e a lógica colidem, a emoção ganha

Pensando logicamente, a perda de peso deveria ser fácil. Afinal de contas, a solução é simples. Como um amigo norte-americano respondeu quando lhe perguntaram como tinha perdido tanto peso, "Eu parei de comer muito!"

No entanto, para a maioria dos ocidentais, isso está longe de ser simples. Na verdade, nossas sociedades estão em meio a uma epidemia de obesidade. Setenta e oito milhões de adultos e 13 milhões de crianças nos EUA têm que lidar com o impacto físico e emocional da obesidade todos os dias. Quase quarenta por cento dos adultos norte-americanos, vinte por cento dos adolescentes e crianças e um em cada dez pré-escolares são obesos, de acordo com um relatório dos Centros de Controle e Prevenção de Doenças, conforme relatado pela *NBC News* em outubro de 2017. São os números mais altos já registrados. Em 1990, o número de adultos era de apenas 15 por cento. Essa proporção aumentou quase três vezes nos últimos trinta anos.

Cerca de 27 por cento da população no Reino Unido e na Austrália são oficialmente obesos. A maioria dos países europeus está na faixa dos vinte e poucos por cento.

A Organização Mundial da Saúde define excesso de peso como um Índice de Massa Corporal (IMC) entre 25 e trinta, e obeso com o IMC em trinta ou mais, o que significa que quase dois terços dos ocidentais falantes de língua inglesa estão oficialmente acima do peso ou obeso. Sim, o IMC é imperfeito (por exemplo, não leva em conta o fato de que o músculo é mais pesado que a gordura), mas pelo menos é consistente. E sejamos honestos: se seu IMC for superior a trinta, então podemos dizer "Houston, nós temos um problema" praticamente em cem por cento dos casos.

As consequências da epidemia de obesidade são devastadoras. A obesidade aumenta suas chances de morrer de covid-19 em até noventa por cento e é a segunda maior causa de câncer no Ocidente. A alta pressão arterial, diabetes, doenças cardíacas e acidentes vasculares cerebrais não estão apenas matando milhões de ocidentais anualmente; a obesidade também é um fardo aos sistemas de saúde — custando noventa bilhões de dólares por ano somente nos EUA, de acordo com o relatório da *NBC News*. Mais pessoas morrem de diabetes e de cânceres causados pelo açúcar do que em decorrência de guerra, crime, terrorismo ou suicídio.[3]

As consequências da epidemia de obesidade são devastadoras.

Essas descobertas foram o destaque de um relatório da Organização Mundial da Saúde, segundo o qual a obesidade infantil está em crescimento em todo o mundo, tendo aumentado mais de dez vezes ao longo das últimas quatro décadas. A obesidade infantil está ligada a uma maior chance de morte precoce na vida adulta.

As causas dessa epidemia são: (1) o tipo de alimento que comemos mudou significativamente nas últimas décadas; (2) nossa relação com os alimentos também mudou; e (3) fazemos menos exercício.

A principal razão é que agora comemos muito mais alimentos processados, carregados de açúcar e com "baixo teor de gordura" do que antes. O açúcar é um assassino. Literalmente. Nosso corpo transforma metade dele diretamente em gordura, e ele está em toda parte na dieta moderna, de fast-food a comidas pré-preparadas. Também comemos muito mais gorduras saturadas do que as gerações anteriores, bebemos suco de frutas em vez de comer as frutas (que apenas derrama açúcar produtor de gordura em nosso esôfago sem o benefício da fibra ou da mastigação) e consumimos muito menos vegetais.

Nossa relação com os alimentos mudou nos últimos cinquenta anos, principalmente devido à disponibilidade onipresente de alimentos que são ruins — e às formas convincentes como são comercializados e vendidos. No Ocidente anglicizado, somos constantemente bombardeados por alimentos ruins, baratos, processados e carregados de açúcar. O açúcar é viciante e nossa espécie está viciada nele. Outro fenômeno é que pais gordos geram filhos gordos. Não estou falando de "genes gordos", embora a genética tenha definitivamente um papel; estou falando de influência cultural/ambiental. As crianças que crescem em um ambiente de fast-food, frituras e dietas com alto teor de carboidratos serão inevitavelmente elas próprias gordas. Provavelmente, para toda a vida. (A menos que tenham a sorte de serem ajudadas por uma maravilhosa instituição de caridade chamada HENRY. Veremos mais sobre isso no capítulo 24.)

E levamos vidas muito mais sedentárias do que as gerações anteriores. Trabalhamos em escritórios, dirigimos em vez de andar a pé ou de bicicleta e nos tornamos ainda mais letárgicos por causa do nosso consumo excessivo de açúcar. Como qualquer droga, assim que a "adrenalina do açúcar" se desgasta, voltamos à Terra, necessitando de outra dose. O número de horas que nós, e nossos filhos, passamos em frente às telas hoje em dia só exacerba a letargia.

Na verdade, há uma quarta causa, o sono. Estima-se que de cinquenta a setenta milhões de norte-americanos sofrem de distúrbios do sono ou privação do sono, de acordo com o Instituto de Medicina dos EUA. "As pessoas com privação de sono podem estar cansadas demais para fazer exercícios, ingerir mais calorias e podem sofrer alterações hormonais que controlam o apetite", relata o dr. Frank Hu, presidente do Departamento de Nutrição da Escola de Saúde Pública de Harvard.

Mas você está pronto para as notícias realmente ruins? As dietas não funcionam. E um número crescente de pessoas está acordando para esse fato. A neurocientista Sandra Aamodt era viciada em dieta, e seu peso oscilou durante trinta anos. Seu TED Talk, baseado em seu best-seller, *Why Diets Make Us Fat*, possui milhões de visualizações. Recentemente assisti a um brilhante curta-metragem de natureza similar, intitulado *Porque as dietas dão errado*, que faz parte da série *Explicando*, da Netflix. Eu o recomendo muito.

A principal razão pela qual as dietas dão errado é porque pensamos nelas como reparos a curto prazo em vez de "mudar a maneira como comemos para sempre" — e, portanto, não as mantemos. Um obstáculo adicional é o mecanismo de proteção inato de nosso corpo; nosso metabolismo natural na verdade luta contra a rápida perda de peso. O *The Biggest Loser* [O Maior Perdedor] foi um fenômeno da TV norte-americana que colocou pessoas extremamente obesas em um campo de treinamento televisionado para perder quantidades extremas de peso. A perda de peso média era de quase sessenta quilos! Foi também uma experiência fabulosa sobre como o corpo reage a uma perda de peso tão drástica. Ele se rebela.

Seis anos após o programa de TV, os concorrentes haviam recuperado, em média, dois terços do peso que haviam perdido. Um grande motivo para isso é que os níveis de leptina caem se perdemos peso rapidamente. A leptina é um hormônio produzido pelas células gordurosas do corpo e que controla efetivamente nosso metabolismo, dizendo ao cérebro que temos gordura suficiente armazenada e que podemos queimar calorias a uma taxa normal. Quando as pessoas fazem dieta, elas perdem células de gordura, o que diminui a quantidade de leptina em seu sistema.

Um baixo nível de leptina nos deixa com fome. "Digamos que você passa fome, digamos que você diminuiu a ingestão de energia, digamos que você perdeu peso", explicou ao *WebMD* Robert H. Lustig, diretor-geral e professor de pediatria na Universidade da Califórnia, São Francisco, e membro da Força-Tarefa Contra a Obesidade da Sociedade Endócrina:

> Agora seu nível de leptina vai abaixo de seu limite de leptina pessoal. Quando faz isso, seu cérebro sente fome e diz: "Ei, eu não tenho a energia disponível que eu costumava ter. Agora estou em um estado de fome". Então, vários processos começam dentro do corpo para elevar os níveis de leptina de volta. Um deles inclui a estimulação do nervo vago, que sai do cérebro e vai para o abdômen. O nervo vago é seu nervo de armazenamento de energia. Agora o nervo vago está ligado, então você fica mais faminto. Tudo o que o nervo vago faz é projetado para que você absorva energia extra e a armazene em sua gordura. Por quê? Para gerar mais leptina, de modo que possa restabelecer seu limite pessoal. Isso faz com que você coma e faz com que você volte a ter sua leptina de volta.

Os níveis de leptina dos participantes do programa foram testados após a competição e caíram quase a zero. O ganho de peso excessivo era inevitável. A propósito, a má notícia é que tomar "suplementos de leptina" não aumenta os níveis de leptina.

Há apenas uma solução: perder peso de forma lenta e sustentável.

Carboidratos ou não?

Se quiser perder peso, siga uma dieta pobre em carboidratos, certo? Talvez não! *Porque as dietas dão errado* relatou uma experiência fascinante em que 609 voluntários que queriam perder entre sete e 45 quilos foram divididos em dois grupos. Um deles foi instruído a seguir uma dieta pobre em gorduras e o outro grupo foi solicitado a seguir um regime de baixo teor de carboidratos. Foi-lhes dito para não contar as calorias, apenas para não passar fome. Todos esperavam que o grupo com baixo teor de carboidratos seria, coletivamente, o que perderia mais peso. Afinal, é isso que a dieta de Atkins e inúmeros outros programas nos dizem há décadas. Não é bem assim. Os resultados para ambos os grupos foram idênticos. O grupo com baixo teor de carboidratos perdeu tanto peso quanto o grupo com baixo teor de gordura. A distribuição gráfica da perda/ganho de peso para cada grupo foi praticamente idêntica.

Parece que a chave para perder peso está localizada entre nossas orelhas. Ao não se fixar na contagem de calorias, as pessoas realmente comeram menos. Contar calorias parece concentrar a mente no que estamos perdendo e enganar nosso corpo para que ele passe fome quando não está sentindo fome.

O poder da mente.

O programa da Netflix termina com uma fala de Marion Nestle, professora de nutrição na Universidade de Nova York:

> Perder peso é muito simples... Coma frutas e verduras. Não coma muita porcaria. Evite ao máximo os alimentos processados e equilibre o consumo calórico com seu nível de atividade física. Realmente não é mais complicado do que isso.

Portanto, a única maneira de perder peso é comer menos. Quem diria?! Mas como?

A morte da caloria

A edição de abril/maio de 2019 da *1843*, revista de estilo de vida da *The Economist*, apresentou um excelente artigo de Peter Wilson, um escritor freelancer residente em Londres. Ele explica como o aumento meteórico da obesidade no Ocidente coincidiu com a adoção, em 1977, de um relatório da comissão do Senado dos EUA que demonizava a gordura e recomendava uma dieta pobre em gorduras e colesterol. O problema dos alimentos com baixo teor de gordura é que eles não têm sabor — a menos que se acrescente açúcar, o que todos os fabricantes de alimentos fizeram posteriormente. O artigo também relata que "em 2016, um pesquisador da Universidade da Califórnia descobriu documentos de 1967 mostrando que as companhias de açúcar financiaram secretamente estudos na Universidade de Harvard que foram concebidos para culpar a gordura pela crescente epidemia de obesidade".

A gordura não é ruim. Ela nos deixa mais satisfeitos por mais tempo, pois nosso intestino leva mais tempo para quebrá-la. Além disso, precisamos dela para fazer hormônios e proteger nossos nervos. Claro, muita gordura, especialmente gordura saturada, é um problema real: um balde de KFC não vai ser bom para você! Mas o que nosso corpo também não precisa é de excesso de açúcar (e sal) — as substâncias que a indústria alimentícia passou a enfiar nos novos alimentos com baixo teor de gordura que nos diziam para consumir — porque o excesso de açúcar nos engorda.

Graças aos conselhos governamentais patrocinados pela indústria alimentícia, todos nós começamos a contar calorias. O problema com as calorias é: (1) nem todas as calorias são iguais — os açúcares de alimentos processados e bebidas gaseificadas são absorvidos quinze vezes mais rapidamente na corrente sanguínea do que os açúcares produzidos a partir de carboidratos complexos como cereais, massas e arroz; (2) os rótulos dos alimentos podem subestimar suas calorias em até vinte por cento; e (3) todos absorvemos e queimamos calorias em um ritmo diferente devido a uma variedade de fatores (genética, microbiotas intestinais pessoais, comprimento do intestino, preparação dos alimentos, qualidade de nosso sono etc.).

Inúmeros estudos têm mostrado que contar calorias pode deixar você com fome e cansado e não funciona. Os Vigilantes do Peso e o Slimming World afastaram-se das calorias, concentrando-se, em vez disso, no açúcar e no teor de gordura saturada.

O artigo da *1843* continua sugerindo uma alternativa simples — jogar fora as planilhas de alimentação e começar uma dieta de alimentos naturais: "produtos colhidos e não os industrializados."

As dietas não funcionam porque são reparos a curto prazo. A única coisa que funciona quando se trata de perda de peso é uma mudança completa no estilo de vida; uma mudança completa de nossa relação com os alimentos. E, como tudo que vale a pena mudar, isso não é fácil.

A única coisa que funciona quando se trata de perda de peso é uma mudança completa no estilo de vida.

Como vimos, qualquer mudança bem-sucedida e sustentável exige que abordemos tanto a lógica quanto a emoção, então vamos olhar para ambas no contexto da perda de peso.

A parte lógica da solução para a perda de peso

Esta parte, para usar as palavras de Marion Nestle, é "bastante simples". As nove coisas mais lógicas a serem feitas para perder peso são:

1. Coma menos.
2. Evite açúcar — o que significa evitar alimentos processados, sucos de frutas, refrigerantes, pão branco, bolos, biscoitos, quase qualquer coisa com baixo teor de gordura, chocolate, sorvete, refeições prontas, doces... como diz um amigo meu: "Se tiver um gosto bom, cuspa!" (Penso na nossa realidade quando uso a palavra "evite". "Minimize" ou "corte" pode ser uma palavra melhor. Comer precisa ser agradável. Se uma nova maneira de comer se tornar uma obrigação, é improvável que seja sustentável e, se isso se tornar uma obsessão, damos um passo em direção a um território perigoso. Uma das minhas muitas fraquezas quando se trata de comida é o sorvete. "Evitar" completamente o sorvete tornaria a minha vida difícil, mas devorar uma banheira de meio litro de uma só vez — sim, talvez eu pudesse começar a evitar isso! Recado para mim mesmo).

3. Coma tantos vegetais quantos nossos corações desejarem.
4. Coma frutas (especialmente como lanches saudáveis), mas frutas inteiras, não suco, porque a fibra é importante. O suco de fruta é frutose líquida.
5. Evite alimentos fritos.
6. Reduza o álcool.
7. Beba muita água.
8. Durma bem.
9. Faça exercícios.

(Particularmente, acho que cortar o pão e laticínios também ajuda).

Essa lista é nada mais que senso comum. Totalmente lógica. A grande maioria das pessoas sabe o que deveria fazer e ainda não o faz. Acho muito difícil perder peso — e manter-se assim. Tem pouco a ver com lógica ou inteligência — algumas das pessoas mais inteligentes que eu conheço são obesas, perigosamente obesas.

Tudo isso tem a ver com as emoções. Visto que elas são quatro vezes mais poderosas do que a lógica, devemos também abordar esse órgão irritante, movido pelas emoções, entre nossos ouvidos.

A parte emocional da solução para a perda de peso:

- Primeiro temos que querer mudar; genuinamente querermos mudar. (Lembra-se da lâmpada?) Não consigo descrever a importância dessa simples frase. Nós só mudamos se nosso desejo for genuíno. Nesse caso, nosso desejo de perder peso precisa superar todas as outras razões complexas que nos levam a comer e beber demais.

- Precisamos nos perguntar por que consumimos mais do que o suficiente — e responder honestamente. Precisamos identificar honestamente nossa relação atual com a alimentação. Então, talvez possamos pensar na melhor maneira de mudá-la. Nossa identidade está atrelada a comer e beber? Por quê? O que podemos fazer para reestruturar essa identidade (que, como todas as identidades, provavelmente não é real e só existe dentro de nossas cabeças)?

- Precisamos criar um senso de urgência — e nos convencer de que essa é uma mudança que vale a pena fazer — para sempre.
- Precisamos de novos hábitos, novos rituais. Beber uma xícara de chá ou uma bebida sem álcool em vez da cerveja ao final do dia. Pedir o salmão e as verduras com mais frequência do que o filé de costela com molho béarnaise e batatas fritas. Parar em uma garrafa de vinho em vez de beber duas. Ou três. Levantar da cama e fazer exercícios três vezes por semana antes do café da manhã (recado para mim mesmo!). Criar rituais é fundamental para implementar qualquer mudança sustentável.
- Precisamos encontrar um substituto para quando comemos mais por estarmos cansados; por estarmos felizes; por estarmos tristes.

Criar rituais é fundamental para implementar qualquer mudança sustentável.

- Precisamos parar de estocar bolos, doces, refrigerantes, chocolate, biscoitos, sucos de frutas e carnes processadas em casa. (Até mesmo cerveja...?) Talvez tenhamos que nos forçar a buscar uma banana, uma maçã ou algumas nozes quando chegar a hora do lanche.
- Precisamos nos recompensar quando alcançamos marcos — mas não com alimentos!
- Precisamos parar de nos julgar e começar a gostar um pouco mais de nós mesmos.
- Precisamos nos afirmar constantemente, mas de modo genuíno e positivo. Eu sou uma pessoa fabulosa. Continuarei sendo fabuloso depois da perda de peso. Apenas mais leve.
- Precisamos desfrutar dessa nova forma de comer e beber. Não é um castigo. Não é nem mesmo uma dieta. É uma nova maneira de viver.
- Precisamos aceitar que os resultados demorarão a aparecer e teremos que permanecer no caminho. Essa é a mudança

sustentável e de longo prazo sobre a qual estamos falando aqui. Não devemos esperar resultados imediatos (de qualquer forma, eles não duram— como já vimos). Teremos que ser pacientes.

Faça o que eu digo, não faça o que eu faço

Em um caso flagrante de "faça o que eu digo, não faça o que eu faço", enquanto estava pesquisando essa seção, destruí meu ego ao calcular meu IMC, que estava em 27,5 — em cheio na categoria oficial de "excesso de peso" — e devidamente (a) me detestei e (b) me pus em ação. Comi uma pequena tigela de frutas e iogurte com pouco açúcar no café da manhã com dois cafés pretos, fui direto para a piscina mais próxima e nadei um quilômetro o mais forte que pude (pensando que ainda tinha 25 anos, em vez de 55), comi um pequeno prato de legumes assados no almoço, passei quatro horas preso em meu notebook esquecendo de respirar corretamente ou beber água, depois parti para uma caminhada rápida (não pude correr porque tinha rompido um músculo da panturrilha algumas semanas antes, esquecendo que faz décadas desde a última vez que corri dez quilômetros. Hum, parece que está surgindo um padrão aqui...) — e meu corpo simplesmente se rebelou. As dores no peito (que se revelaram uma indigestão exacerbada pela fome, desidratação e má postura de escrita) fizeram minha mente hiperativa pensar que eu estava tendo um ataque cardíaco, o que por sua vez me fez suar muito e me provocou tonturas. Minha esposa pensou seriamente em me levar diretamente para o hospital. Em minha busca por resultados imediatos, eu tinha me desidratado, me enfraquecido, fiz meu açúcar no sangue sumir e me coloquei em uma situação em que apenas dois litros de água com açúcar, deitar por três horas e um jantar com bife conseguiu corrigir. Acabei o dia completamente exausto e mais pesado do que comecei!

Não seja como eu; vá com calma consigo mesmo.

Na seção "Seja seu próprio líder de mudança", no final da Parte cinco, eu trato a perda de peso como um exemplo de projeto de mudança — e apresento algumas ideias fascinantes que serão úteis para qualquer mudança pessoal.

Mas, primeiro, vamos encerrar a discussão sobre o poder da emoção e, em seguida, ficar presos à análise de como reagimos a diferentes tipos de mudanças.

Configurações padrão de emoções

Todos temos nosso próprio conjunto de configurações padrão de emoções e comportamento, algumas boas, outras não.

Nossas placas de circuito interno estão interligadas de uma forma única. Pode ser que tenhamos uma configuração padrão natural para sermos ambiciosos — ou ficarmos satisfeitos. Nossas inclinações naturais podem ser a de estudar muito na escola — ou não. Podemos ser propensos a agradar. Podemos ter uma necessidade inata de ser apreciados.

O ambiente também tem um impacto significativo em nossas configurações padrão. Os filhos de pais divorciados têm mais do que o dobro da probabilidade de se divorciarem do que seus pares, de acordo com uma pesquisa citada no *mnn.com*. As crianças que crescem em lares dependentes de assistência social têm muito mais probabilidade de depender de benefícios do que a média nacional. Como J. D. Vance ilustra tão bem em seu romance autobiográfico, *Era uma vez um sonho*,[4] as comunidades podem desenvolver padrões que infectam bairros inteiros. Em partes do Ocidente que ficaram economicamente para trás, "não tentar" pode se tornar a norma, pode surgir um cenário cultural padrão que valoriza o fracasso em relação ao sucesso e considera o esforço como contracultural, como "não legal". J. D. Vance viveu isso no Kentucky. Já observei isso em Queensland e em partes do Reino Unido; comunidades onde a vitimização se torna o cenário padrão. Vamos dar uma olhada no fenômeno comum da vitimização e como superá-lo mais tarde no livro.

Podemos usar nossas configurações padrão de emoções em nosso benefício. Mas o primeiro passo é reconhecer sua existência.

Quais são suas configurações padrão de emoções?

PARTE TRÊS

Como reagimos a diferentes tipos de mudanças

O importante não é o que acontece com você,
mas como você reage ao que acontece.

EPITETO[1]

A mudança ocorre de várias maneiras. Às vezes, é planejada. Às vezes, é inesperada. Às vezes, é boa. Às vezes, definitivamente, não é. Todas as mudanças são diferentes. A única constante é que, de alguma forma, temos que lidar com ela — não importa o tamanho ou de onde ela veio.

Para fins de ilustração, eu tenho o universo inteiro de mudanças potenciais em uma matriz de 2 × 2. Fazer isso ajuda a dar sentido ao assunto. Isso nos dá contexto para ajudar a analisar tanto nossas reações automáticas a diferentes tipos de mudanças quanto como devemos tentar reagir às mudanças.

Eu a chamei de Matriz da Mudança.

Vamos dar uma olhada.

CAPÍTULO NOVE

A Matriz da Mudança

A simplicidade é o mais alto grau de sofisticação.

LEONARDO DA VINCI[1]

Quando comecei a desenhar esta simples tabela de quatro partes (Figura 9.1), meus primeiros pensamentos foram que o resultado seria tão banal, tão óbvio e talvez até tão paternalista que jamais veria a luz do dia. Eu estava errado. A Matriz da Mudança é agora central nos workshops de mudança que conduzo na Henley Business School, e a uso em todas as aulas que ministro para líderes e funcionários em organizações ao redor do mundo.

Sua beleza reside em sua simplicidade.

Toda mudança pode ser caracterizada em termos do tamanho da mudança (de grande para pequena) e em termos de quanto controle pessoal temos sobre a mudança (de mudanças que nos foram impostas e sobre as quais não temos nenhum controle a mudanças que provocamos por completo e sobre as quais temos controle). Obviamente, há gradações ao longo de cada eixo, mas vamos neste momento dar uma olhada mais de perto nos extremos.

Adaptar: à espreita, no canto inferior esquerdo de nossa matriz, encontramos as pequenas mudanças que nos são impostas. Eu chamei este campo da matriz de "Adaptar". As mudanças neste campo podem ser triviais, como uma mudança de data quando se tem que colocar o lixo para fora, ou uma pequena mudança no processo seletivo no trabalho.

FIGURA 9.1 A Matriz da Mudança

Pode ser que não estejamos no controle das mudanças, mas as alterações e o esforço exigido de nós não são significativos. Nós simplesmente seguimos em frente.

Crescer: mantendo-se com pequenas mudanças, vamos nos mover para o quadrante inferior direito, onde encontramos um conjunto de pequenas mudanças que conscientemente trouxemos a nós mesmos. Eu chamei este campo da matriz de "Crescer". As mudanças desse quadrante podem ser uma mudança de guarda-roupa ou de corte de cabelo ou a mudança de um processo no trabalho que era inteiramente de nossa competência. Elas são pequenas e são mudanças que provocamos.

Até agora, tudo bem.

Agora vamos avançar ainda mais no eixo "tamanho". É aí que as coisas se tornam mais complicadas, mais assustadoras e muito mais interessantes; pois as consequências dessas mudanças aumentam exponencialmente de acordo com o tamanho da mudança.

Quanto maior for a mudança, maior será o impacto das consequências da mudança.

Plataforma em Chamas: essa é a zona do terremoto; o canto superior esquerdo onde residem as mudanças de vida não solicitadas e muitas vezes inesperadas — mudanças que abalam nosso mundo e abalam nossa confiança; mudanças que podem parecer um golpe no plexo solar; algo que pode nos deixar sem chão. Trata-se de uma grande mudança que nos foi imposta.

Chamo esse quadrante de "Plataforma em Chamas" por conta de uma frase de 1988 atribuída a Daryl Connor, consultor de mudanças e autor, enquanto assistia a uma reportagem sobre trabalhadores pulando de uma plataforma petrolífera em chamas no Mar do Norte. O fato de a plataforma de petróleo estar literalmente em chamas foi o único motivo pelo qual eles saltaram. Eles não tinham escolha. Eles tinham literalmente uma "Mudança da Plataforma em Chamas". Embora essa seja uma metáfora poderosa, não concordo com a teoria de que, para provocar mudanças, temos de tornar o status quo tão desconfortável que até mesmo saltar em um mar gelado e tempestuoso parece mais favorável em comparação. Ser "encorajado" a pular de uma plataforma de petróleo em chamas não significa que vamos avidamente aceitar as águas frias e geladas abaixo. Poderemos cumprir com a necessidade de mudança, mas seremos nadadores muito relutantes! Mas é a metáfora ideal para esse tipo de mudança grande, assustadora, emocional e não solicitada.

A grande mudança que nos é imposta pode chegar de muitas formas — câncer, a morte de um ente querido, a perda do emprego, o divórcio, um acidente, ou mesmo ganhar a loteria. (Vários estudos têm mostrado que ganhar na loteria não faz você mais feliz; na verdade, pode até tirar o prazer das atividades cotidianas, como tomar o café da manhã ou sair com os amigos. Lembre-se, só temos a palavra do pesquisador para isso. Acho que preferiria ganhar na loteria antes de poder confirmar ou negar a suposta falta de aumento da felicidade... mas estou apenas divagando).

Salto Quântico: Finalmente nos dirigimos para o quadrante superior direito — grandes mudanças que nós mesmos provocamos. Chamei esse quadrante de "Salto Quântico". É um salto para um novo mundo, na maioria das vezes com uma série de consequências significativas. Algumas delas podemos prever, mas muitas delas serão imprevistas — as conhecidas desconhecidas (ou seja, consequências que sabemos que não sabemos) e até mais desconhecidas (com as quais ainda nem sonhamos). E teremos que aprender a lidar com todas elas.

As mudanças encontradas nesse quadrante podem ser uma promoção, um novo emprego, uma nova carreira, a mudança para um novo estado, ou até mesmo para um país completamente diferente. Poderia ser a decisão de se casar ou talvez a decisão de se divorciar. Poderia ser decidir sair do armário. Poderia ser decidir mudar seu sexo. Esse tipo de mudança é empolgante — e você a instigou.

Mas ela ainda será mais do que um pouco assustadora. Toda mudança, mesmo a que nós mesmos provocamos, é um desafio. Como toda mudança significativa, requer desistir de algo; requer sair da zona de conforto. Uma promoção requer o abandono de suas relações atuais com seus colegas. Uma mudança de casa requer deixar seus vizinhos e amigos. Nenhuma mudança significativa é fácil — mesmo quando é uma mudança "boa". Mas, se não mudarmos, nós estagnamos. Além disso, é muito melhor ter algum controle da mudança, em vez de termos a mudança inteiramente imposta a nós.

Se não mudarmos, nós estagnamos.

Embora inúmeras florestas tenham sido derrubadas para descrever e analisar a mudança da Plataforma em Chamas, pouca atenção foi dada à Mudança do Salto Quântico. Mas, conforme veremos, as mudanças no quadrante Salto Quântico também podem ser incrivelmente desafiadoras — apesar de as termos instigado — pois passamos por uma montanha-russa emocional que é bastante semelhante ao passeio emocionalmente exaustivo que experimentamos na Plataforma em Chamas.

Descobriremos o que acontece quando somos confrontados com esses dois tipos de grandes mudanças que nos são impostas — a Mudança da Plataforma em Chamas e a Mudança do Salto Quântico.

Exploraremos como reagimos naturalmente a ambas.

CAPÍTULO DEZ

A curva de mudança da "Plataforma em Chamas"

Não há erros, não há coincidências. Todos os eventos são bênçãos dadas a nós para aprendermos.

ELISABETH KÜBLER-ROSS[1]

Como reagimos à mudança da "Plataforma em Chamas"... a grande mudança que nos é imposta

Muitas pesquisas têm sido feitas sobre como as pessoas reagem instintivamente à mudança da "Plataforma em Chamas" (Figura 10.1). Um dos métodos mais simples e úteis para descrever essas reações é a "Curva de Mudança", introduzida pela primeira vez por Elisabeth Kübler-Ross em seu livro *Sobre a morte e o morrer*, de 1969. Ela também foi chamada de "a Curva do Luto".

A Figura 10.2 é minha versão da curva de Kübler-Ross, modificada para os negócios. Nossa reação a mudanças inesperadas é altamente pessoal e, ao mesmo tempo, bastante previsível. Quando somos confrontados com mudanças que nos são impostas, nossa reação natural é passar por oito estágios sequenciais diferentes. Todo mundo passa pelo mesmo processo. A única diferença é quanto tempo cada um fica em cada etapa antes de passar à seguinte. É automático. É normal. Todos nós fazemos isso.

O **choque** é a primeira reação a uma mudança inesperada. Se for uma pequena mudança, esta etapa pode terminar num piscar de olhos.

FIGURA 10.1 A Matriz da Mudança: a Plataforma em Chamas

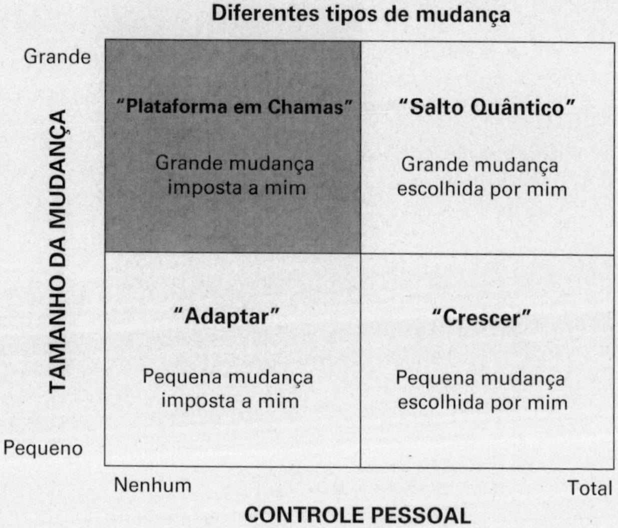

FIGURA 10.2 A Curva de Mudança da Plataforma em Chamas: para mudanças que nos são impostas

A CURVA DE MUDANÇA DA "PLATAFORMA EM CHAMAS"

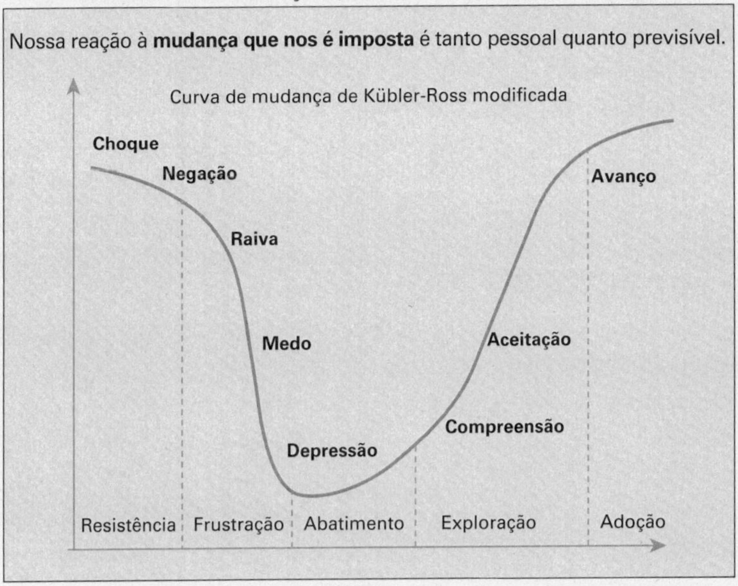

Grandes mudanças, no entanto, podem realmente nos colocar de volta em nosso caminho e podemos permanecer em estado de choque por algum tempo. Em situações extremas, o choque pode causar o congelamento ou mesmo o desligamento do corpo. Quando estamos em estado de choque, ficamos surdos e mudos — não prestamos atenção de verdade; não processamos muita coisa. E, quando o choque desaparece, podemos nos sentir completamente exaustos.

A **negação** inevitavelmente segue. Dizemos a nós mesmos que os líderes da empresa cairão em si e mudarão de ideia a respeito da reestruturação proposta. Dizemos a nós mesmos que alguém de nossa idade não pode ter câncer; que o diagnóstico deve estar errado e que precisamos de uma segunda opinião. Isso simplesmente não pode estar acontecendo! A negação é uma emoção altamente poderosa. Uma vez enraizada, pode ser difícil de ceder.

Mas, talvez, até certo ponto, isso seja necessário. A inventora da Curva de Mudança, Elisabeth Kübler-Ross, viu um valor na negação, "A negação nos ajuda a acelerar nossos sentimentos de luto. Há uma benção na negação. É a forma de a natureza deixar entrar apenas aquilo com que podemos lidar."

Eventualmente, sua influência sobre nossa psique se dissipa e poderemos passar para a próxima etapa — quando realmente poderemos descarregar nossa frustração.

A **raiva** é invariavelmente a próxima. Uma vez que finalmente começamos a admitir que a mudança é real, ficamos com raiva e procuramos alguém ou algo em que focalizar nossa raiva; alguém ou algo a quem culpar. Na nossa necessidade de nos enfurecer com a injustiça de tudo isso, podemos dizer ou fazer coisas de que talvez nos arrependeremos. Sentimos raiva de Deus ou outros deuses. Sentimos raiva do governo. Sentimos raiva de nossos empregadores. Sentimos raiva de nós mesmos. Quando se trata de mudanças organizacionais, mais líderes precisam entender que essa raiva é uma reação automática, natural e previsível a grandes mudanças que nos foram impostas. Os líderes precisam tratar as pessoas com compreensão e empatia enquanto passam pelo inevitável estágio de "raiva" da Curva de Mudança.

A raiva frequentemente esconde conjuntos mais profundos de emoções — mágoa, dor e, na maioria das vezes, medo.

O **medo** ou chega junto com raiva ou é a causa subjacente a ela. Tememos as consequências da mudança — e lembre-se de que estamos falando de uma grande mudança que foi imposta *a* nós. Tememos a dor da quimioterapia; tememos pelo futuro de nossa família se morrermos; tememos a própria morte. Tememos que não consigamos outro emprego; tememos pelo futuro financeiro de nossa família; tememos por nossa autoestima e autovalorização. O medo do futuro é uma reação perfeitamente normal e completamente compreensível às mudanças significativas e não solicitadas. Saber disso pode não fazer com que seja menos doloroso, mas pelo menos podemos obter algum pequeno conforto no fato de que é completamente normal. É normal ter medo.

O saudável a fazer durante essa fase é descarregar sua frustração; arejar seus medos; colocá-los sobre a mesa. Muitas vezes, eles ficam maiores quando estão presos entre nossas orelhas do que depois de terem sido manifestados e sujeitos à luz direta do dia. Também é catártico. Quando se trata de mudança organizacional, imploro aos líderes que procurem ativamente os medos e preocupações de seus funcionários, pois é a única maneira de eles terem uma chance de seguir em frente e aceitar a mudança. E, além disso, os líderes sem dúvida aprenderão algo no processo.

Durante as etapas de "raiva" e "medo" também podemos nos pegar barganhando, tentando evitar a mudança, fazendo acordos com o instigador da mudança ou conosco. "Se eu aceitar um corte no salário ou trabalhar três dias por semana, podemos cancelar a demissão"; "Se eu parar de comer carne, talvez o câncer vá embora".

A **depressão** é como nos sentimos na curva e é outra reação normal. Talvez devêssemos na verdade rotular essa fase de "estado depressivo", porque a negatividade que sentimos quando estamos na curva pode variar de uma sensação de estarmos pra baixo à ansiedade, e até a uma Depressão com D maiúsculo. Como Kübler-Ross descobriu, antes mesmo de pensarmos em seguir em frente, precisamos nos entristecer. Luto não é fraqueza. Pode ser doloroso, às vezes excruciantemente, mas é uma parte necessária do processo de cura. Quando você chegar a essa etapa da curva, a esse estreito, você se sentirá horrível. Pode parecer um espaço profundo, sombrio e agourento no qual se estar, no entanto, é necessário. Mas tenha cuidado para que sua negatividade enquanto estiver abatido não o conduza em uma das duas direções autodestrutivas: a culpa de si mesmo ou a vitimização.

Você pode se culpar por tudo o que lhe foi feito. Se você acabar assim, o modo pelo qual percebe suas fraquezas será cristalino e esmagador. A autoaversão pode até mesmo surgir. Em minhas oficinas de Liderança da Mudança, imploro aos líderes empresariais que tenham empatia com seus funcionários enquanto atravessam a Curva de Mudança da Plataforma em Chamas, que entendam o que seus funcionários estão passando, e que lhes deem um tempo. Dê-lhes um tempo quando eles estiverem com raiva; dê-lhes um tempo quando estiverem com medo; dê-lhes um tempo quando estiverem abatidos. Você precisará fazer a mesma coisa — dar a si mesmo um tempo e perceber que seus sentimentos negativos, por mais crus e abrangentes que sejam, em primeiro lugar, são normais e, em segundo lugar, são sentimentos justos. Eles vão passar. Acredite em mim. Seja grato pelo que você tem. Procure pontos positivos. Continue a acreditar em si mesmo.

Seja grato pelo que você tem. Procure pontos positivos. Continue a acreditar em si mesmo.

O abatimento na Curva de Mudança é onde habitam as vítimas. Quando a mudança nos é imposta, é muito fácil sucumbir ao engodo insidioso e frio da vitimização.

A vitimização é tão insidiosa e tão poderosa que vale a pena dedicar algumas páginas à exploração desse fenômeno com um pouco mais de detalhe, assim como o que fazer quando você se encontrar entrando no modo de vítima.

O frio conforto da vitimização

Se a culpa nunca é nossa, não podemos assumir a responsabilidade pelo que acontece. Se não somos responsáveis, seremos sempre vítima.

RICHARD BACH[2]

Às vezes, quando grandes mudanças nos são impostas, nos envolvemos no cobertor de conforto da vitimização. Na verdade, é um falso e frio conforto; mas conforto, de qualquer forma. Se não tivermos cuidado, a vitimização pode até se tornar parte de nossa identidade.

Todos nós conhecemos pessoas cuja configuração padrão é a vitimização. Parece que elas atraem má sorte. Na verdade, elas esperam isso. No fundo, podem até chegar a pensar que a merecem. Elas se sentem duramente atingidas por sua carreira, sua saúde, seus corpos, suas oportunidades, seus relacionamentos, suas vidas. E a culpa é de outra pessoa.

Essa é a natureza insidiosa e sedutora da vitimização. Ela coloca a culpa em alguém ou alguma outra coisa; mas, este é um truque perigoso e um declive escorregadio. Quanto mais nos identificamos como vítimas, menos competentes nos tornamos de fato.

A vitimização pode atingir qualquer um de nós. Pode parecer um lugar confortável para se estar se não estivermos prontos (ou não quisermos) para assumir a responsabilidade. Mas é insidioso.

A única maneira de sair desse buraco negro é reconhecer que você está pensando em si mesmo como uma vítima e depois tentar reafirmar algum controle — ou pelo menos influência — sobre os eventos.

Quando estamos no modo vítima, nos enganamos para pensar que outra pessoa é a única responsável por nossa atual situação. Mas pior, enganamos a nós mesmos para pensar que outra pessoa também é responsável pelo nosso futuro; que alguém ou algo nos está impedindo de agir. Isso é muito perigoso — pois impotentes é a última coisa que somos, mesmo quando tudo vai mal.

Temos o poder de assumir o controle; o poder de mudar.

Reestruture sua saída do abatimento

Hoje você pode tomar a decisão de não ser mais uma vítima; de seu passado, de seus erros, de seus fracassos, de suas relações ruins, de sua situação financeira, de seu peso, de sua saúde, da opinião de outras pessoas a seu respeito e até mesmo de sua própria autovalorização negativa. Neste dia, neste momento, você pode decidir não mais ser uma vítima e começar a ser um vencedor.

EDDIE HARRIS JR[3]

A vitimização pode atingi-lo quando você menos espera — especialmente quando a mudança está sendo imposta *a* você. A única rota de fuga começa com a percepção do que aconteceu, que você caiu no modo vítima. Não se julgue por isso, apenas observe.

Então, você pode começar a mudar sua mentalidade e sua abordagem.

Fugindo do "triângulo da vítima"[4]

Muitas vezes, quando as pessoas entram no modo vítima, elas fazem duas coisas: procuram alguém para culpar (um "Perseguidor") e procuram alguém para confortá-las (um "Salvador").

Um Perseguidor pode ser real ou imaginado — às vezes até mesmo um pouco de ambos. É o patrão que o demitiu. É o valentão da escola. É o gestor que é excessivamente autoritário e incompetente. É o marido abusivo.

Os Perseguidores genuínos foram quase sempre perseguidos, têm pouca autoestima e sentem que o ataque é a melhor linha de defesa. Por trás disso, eles realmente se veem como vítimas. Eles são pessoas de mente pequena em posições de poder. Muitas vezes, o poder que lhes damos através de nossas reações.

Um Salvador é alguém que ama resgatar pessoas. Todos nós os conhecemos. Com todas as melhores intenções, eles são os primeiros a consolar as pessoas quando estão sendo vitimizadas. Na superfície, eles parecem ser anjos, prontos com uma caixa de lenços de papel, um copo quente e um balde cheio de empatia. Mas arranhe a superfície e você verá com frequência que os Salvadores não estão realmente ajudando. Na verdade, eles gostam tanto de confortar que subconscientemente acabam mantendo a vítima em seu lugar — para que eles possam continuar confortando-a.

Quando eu explico esse fenômeno em minhas oficinas Liderando a Mudança e Aceitando a Mudança, sempre pergunto aos participantes: "Então, como escapar desse Triângulo da Vítima?" A melhor resposta que já ouvi foi: "Torne-se um Perseguidor!" Esse rápido gracejo foi, na verdade, cheio de perspicácia. Isso é exatamente o que muitas vítimas fazem; não conhecendo nenhum outro curso de ação, elas vão ao ataque e encontram outra pessoa para vitimizar ou virar a mesa sobre o Perseguidor. Esse simples comentário ajuda a explicar por que a vitimização e a perseguição tendem a seguir uma à outra. Mas, é claro, isso não quebra nenhum ciclo — está perpetuando o estado negativo, vazio e improdutivo da vitimização.

A saída desse triângulo vicioso requer que a vítima (1) perceba que está pensando em si mesma como vítima, (2) reconheça que isso é altamente autodestrutivo e (3) assuma o controle ao reestruturar toda a situação — olhando para a situação de uma maneira completamente diferente.

Uma estratégia chamada "A Dinâmica de Empoderamento"[5] descreve exatamente uma forma de podermos fazer isso. Ela recomenda que a vítima adote o papel alternativo de "Criador", veja o Perseguidor como um "Desafiante" e aliste um "Coach" em vez de um Salvador. Gosto dessa abordagem porque ela coloca a futura ex-vítima no comando. Implicitamente, dá controle a ela.

Em vez de se olhar como vítima, comece a se considerar como um "Criador". Os criadores se concentram nos resultados e não nos problemas.

Comece a considerar seu Perseguidor como um "Desafiador" — em vez de persegui-lo, ele o está *desafiando*; de fato, instigando-o a reavaliar a situação e fazer algo a respeito. Pode ser que não estejam fazendo isso de uma maneira muito amigável ou construtiva, mas tente ignorar como eles estão se comportando e enxergue o que eles estão sugerindo como se estivessem tentando ajudá-lo. Afinal, existem apenas duas coisas que você pode realmente controlar: seus pensamentos e suas ações.

Encare esses insultos como desafios e aja de acordo.

Olhe ao seu redor e veja se um amigo ou colega demonstra comportamentos de "Salvador". Alguém o está tentando proteger tanto que você não é capaz de cuidar de si mesmo? Eles o sufocam com gentileza, mas de uma forma que perpetua seu sentimento de vítima? Se sim, você precisa tirar essa "falsa positiva" energia negativa de sua vida. A última coisa de que você precisa é um "Salvador".

Existem apenas duas coisas que você pode realmente controlar: seus pensamentos e suas ações.

Talvez você precise de um Coach — alguém que faça perguntas que se destinam a ajudá-lo a fazer escolhas bem pensadas. A principal diferença entre um Salvador e um Coach é que o Coach vê o Criador como capaz de fazer escolhas e de resolver seus próprios problemas — e os ajuda a fazer exatamente isso.

Então... seja um Criador de suas próprias oportunidades, veja os Perseguidores como Desafiadores e procure um Coach. É um conselho muito bom, estando você em um triângulo da vítima ou não.

E, a propósito, às vezes o melhor Coach é você.

Após o abatimento

A **compreensão** é o primeiro passo no caminho para um futuro melhor. É a parte lógica da curva ascendente. É compreender a situação em que nos encontramos; as razões pelas quais isso aconteceu; o processo à nossa frente; as opções disponíveis; as habilidades e ferramentas que temos à nossa disposição; é compreender nossos próximos passos.

A **aceitação** é um passo adiante. A compreensão acontece na cabeça. A aceitação acontece no coração. É a parte emocional. Uma vez que tenhamos definido logicamente onde estamos, as opções disponíveis e as ações que precisamos tomar, podemos passar à aceitação total. Precisamos descartar os últimos resquícios persistentes de negação, raiva, medo e depressão e aceitar que isso de fato aconteceu. Precisamos engajar nossas emoções — de forma construtiva. Então podemos começar a afirmar algum tipo de controle e aceitar o futuro.

Seguir em frente não significa esquecer. Pode até mesmo não significar perdoar. Significa exatamente o que é dito na lata — seguir em frente. É hora de agir. Percebemos que não somos impotentes diante dessa mudança. O que escolhemos fazer agora como resultado dessa mudança está completamente dentro do nosso controle. E qualquer dor residual vai retroceder com o tempo.

Vale ressaltar que a Curva de Mudança não é de mão única. Quando se trata de grandes mudanças, podemos deslizar para cima e para baixo nessa curva várias vezes. Tampouco é uma experiência única na vida.

Uma pausa para reflexão

Vamos fazer uma pausa para respirar por um momento.

Tome um tempo para pensar em uma grande mudança que lhe foi imposta e agora releia as palavras associadas a cada passo da Curva de Mudança da "Plataforma em Chamas", refletindo sobre sua própria experiência. Quanto tempo você passou em estado de choque? Qual foi a profundidade de seu nível de negação? Como sua raiva se expressou? Do que você tinha medo? Quando você atingiu o fundo do poço e como você se sentiu quando isso aconteceu? Como você iniciou a saída para o abatimento e sua cabeça começou a entender? Você voltou a se abater? Se sim, quantas vezes? Quando você percebeu que seu coração tinha começado a aceitar a mudança? Quão liberto você se sentiu uma vez que realmente tenha seguido em frente?

Você nunca esquecerá a mudança ou como ela o fez se sentir na época. Você também nunca poderá perdoar o perpetrador. Mas será que a intensidade dos sentimentos diminuiu com o tempo? Cada coisa ruim tem um algo positivo — qual é o seu? O que a mudança acabou permitindo que você fizesse que de outra forma não teria feito? O que você teria feito de diferente se tivesse seu tempo de novo?

Da próxima vez que uma mudança ocorrer a você, dê uma olhada na Curva de Mudança e reconheça que suas reações são normais. Seja o mais objetivo possível. Observe como você reage à mudança, e faça isso objetivamente, sem críticas. Observe a si mesmo transitar por cada etapa e oriente-se durante a viagem.

Da próxima vez que uma mudança acontecer aos que o rodeiam, faça exatamente a mesma coisa. Use a Curva de Mudança para ajudá-los a dar sentido ao que está acontecendo com eles. Com essa simples ferramenta, você tem o poder de ajudá-los a tirar o máximo proveito da situação e transitar pela curva para um futuro melhor.

CAPÍTULO ONZE

Reflexões pessoais de reação à mudança da Plataforma em Chamas

A mudança não é um projeto com uma data de término. A Curva de Mudança não é algo que você possa navegar uma vez e abandonar. É uma parte da vida.

CAMPBELL MACPHERSON

Todos nós fomos forçados a lidar com grandes mudanças que nos são impostas. Eu gostaria de aproveitar esta oportunidade para compartilhar algumas reflexões pessoais— e algumas observações de como minha esposa inspiradora e meus filhos incríveis lidaram com a mudança da Plataforma em Chamas.

Se olhar minha biografia no final deste livro ou a versão detalhada em www.changeandstrategy.com, você talvez pense que minha vida profissional sempre foi simples e ascendente — uma conquista após outra. Afinal, meu currículo revela que sou um autor premiado, conselheiro de negócios internacionais e palestrante de destaque, e que tive funções executivas sênior em empresas fascinantes de locais exóticos em todo o mundo... mas, como sempre, é o que *não* está no currículo que muitas vezes é muito mais interessante. A vida nunca é uma navegação simples. A Curva de Mudança é onipresente.

Em minha longa e variada vida profissional, tive várias carreiras completamente diferentes (minha última mudança de área foi em 2017, pouco antes do meu 54º aniversário, e não será minha última) em uma dúzia de indústrias diferentes, várias dúzias de empregos diferentes e dezenove empregadores desde que saí da escola. Fui chutado de um emprego uma vez e dispensado outras três.

O momento em que fui demitido não foi uma surpresa; um vendedor que havia deixado de fazer vendas não deveria esperar se manter empregado por muito mais tempo! Assim, quando me mostraram a porta da rua, eu pulei completamente a fase de Choque. Eu também não passei por Negação e Raiva, assim como não tinha ninguém a quem culpar, a não ser eu mesmo. Mas o Medo me atingiu com muita velocidade. Eu tinha 28 anos e, embora eu tivesse um diploma e tivesse pilotado um jato militar sozinho (longa história), eu não tinha praticamente nada para mostrar dos dez anos anteriores. Eu ainda me refiro a ela como minha "década perdida". Eu deixei a escola no mundo da fantasia; cheio de possibilidades e oportunidades e eu havia fracassado completamente ao não viver algo que estivesse próximo do meu potencial. Eu era um "fracasso". Pode-se dizer que eu estava bem e verdadeiramente preso no abatimento da Curva naquele momento.

Enquanto estava abatido, um amigo me ligou para dizer que também havia sido demitido e teve a ideia de iniciar um negócio vendendo folhetos interativos em disquetes. Era o final de 1991. Os notebooks em cores haviam sido inventados havia pouco. Ninguém tinha ouvido falar de um CD-ROM e a internet ainda era um segredo militar. Então eu pedi emprestado algum dinheiro, nasceu a "InterMark" (marketing interativo) e comecei a vender um novo conceito baseado em nova tecnologia no meio de uma recessão. Não demorou muito, logo voltei ao abatimento da Curva de Mudança. Embora tenhamos tido algum sucesso inicial com clientes como a Nissan, American Express, Singapore Convention Centre, Axa, Pfizer, AMP, Zurich e até mesmo com a Apple, aprendi da pior maneira como é difícil crescer um negócio subcapitalizado — especialmente um que não possuía sua propriedade intelectual e não cobrava o suficiente. O estresse de apenas pagar a conta do salário todo mês se tornou tão insuportável que, quando "vendemos" o negócio para uma grande agência de publicidade, meu então parceiro de negócios teve um colapso nervoso. (E quando digo "vendemos", quero dizer na verdade que "colocamos na folha de pagamento"!)

Houve momentos durante os dias da InterMark em que eu dirigia para casa na hora do almoço, fechava a porta e gritava de total frustração e desespero. Várias vezes eu terminava em lágrimas, antes de me recompor e voltar ao escritório. Quando se está no fundo da Depressão, às vezes tudo o que se vê é o declive da ladeira à sua frente — sem nenhuma maneira discernível de escapar.

Parecia que, toda vez que eu conseguia escapar, alguma coisa aparecia para me puxar de volta para baixo.

Em conjunto com um dos maiores golfistas da Austrália, Jack Newton, desenvolvemos e construímos um tutorial interativo de golfe em 1993. Foi brilhante. Contratamos Nick Price, que havia ganho o PGA norte-americano de 1992, e lançamos o "Nick Price's Troubleshooting Golf" nos Estados Unidos. Vendemos cinquenta mil cópias e a minha parte pessoal dos royalties era de trezentos mil dólares. Finalmente eu consegui. Três meses se passaram e nenhuma comissão tinha sido recebida de nosso agente em Los Angeles. Durante o quarto mês, para ser preciso, em 17 de janeiro de 2004, Los Angeles foi atingida por um terremoto devastador. O prédio do escritório de nosso agente foi completamente destruído. Ele desapareceu na África do Sul e nunca mais se ouviu falar dele. Com o nosso dinheiro.

Essa não foi a última vez que tive que navegar através da Curva de Mudança. E também não será minha última. Então, o que me faz continuar? Um desejo ardente e inato de alcançar algo certamente ajuda. Conheço pessoas que sofreram golpes semelhantes e permaneceram na zona de abatimento e se envolveram no frio conforto da vitimização para nunca mais sair dela. De vez em quando, certamente, tenho vestido o manto da vitimização. Certamente "chafurdei" (como minha esposa diz) quando algo deu errado e sofri de "ataques de negação" (sim, outro termo de Jane) — mas raramente por muito tempo, embora às vezes possam ser insuportavelmente intensos. A razão é que eu simplesmente não vejo como me vitimizar ou chafurdar seria uma alternativa viável a fazer um balanço e construir algo; para montar novamente no cavalo, talvez um cavalo diferente, e tentar mais uma vez. A vida é simplesmente curta demais e, além disso, o fracasso é a maneira da vida de ensinar coisas. Fracasso, contratempos, momentos difíceis, é tudo parte da vida.

O fracasso é a maneira da vida de ensinar coisas. Fracasso, contratempos, momentos difíceis, é tudo parte da vida.

Ninguém sai impune.

Tal pai, tal filho

Meu filho maravilhoso, Charlie, aprendeu isso aos dezoito anos de idade. Tendo terminado o Ensino Médio como um dos melhores alunos, ele tinha o prognóstico de conseguir as melhores notas para os exames de fim de curso. Ele estava pronto para ir à Universidade de Edimburgo para estudar Química. Até o dia dos resultados.

Ele ficou chocado. Seus professores ficaram chocados. Os resultados que ele obteve não foram suficientes para ingressar em nenhuma das universidades das quais ele havia se inscrito. Na cabeça dele, ele tinha "fracassado".

E a Curva da Mudança da Plataforma em Chamas o atingiu com a força de um caminhão.

Ele entrou imediatamente em Choque. A escola que tinha sido uma parte tão importante de sua vida durante os sete anos anteriores não foi de nenhuma ajuda. Um professor lhe entregou seu envelope de resultados, soprou ar pelos dentes e disse: "Com esses resultados, você pode esquecer qualquer universidade do Grupo Russell.[1] A limpeza fecha às 15h, então você tem seis horas. É melhor você ficar on-line e começar a fazer telefonemas." Nenhum dos professores que estavam caminhando sem rumo no fundo da sala olhou meu filho nos olhos. Eles estavam preparados apenas para o sucesso. Eles não tinham ideia do que fazer em qualquer outra situação. Mas, pior do que isso, eles simplesmente não se importavam.

Charlie permaneceu brevemente em Negação enquanto voltava para casa no carro, seguido de Raiva por seus professores e pela escola, por sua completa falta de empatia e assistência naquele dia crucial, e depois Medo — não tanto medo do que ele faria, mas medo de como ele enfrentaria os amigos naquela noite, na festa de fim de ano. O divertido, popular e inteligente Charlie foi um "fracasso". Ele já estava verdadeiramente em Depressão quando chegamos em casa.

Ele se obrigou a sair do seu estado de abatimento por tempo suficiente para "começar a fazer telefonemas" e ligou para uma dúzia de Universidades do Grupo Russell para perguntar se havia alguma forma de ser aceito. A resposta foi não. De volta ao abatimento, ele se afundou e não via nenhuma saída.

Este é o momento em que precisamos de ajuda. E este foi o momento em que sua mãe e sua irmã entraram em ação. Jane encontrou algo chamado "ano de fundação" que um punhado de universidades oferecia precisamente para essa situação. Ela também decidiu procurar universidades fora do "Grupo Russell" que ofereciam aulas de Química. Ela descobriu que a Universidade Sussex, não participante do Grupo Russell, era na verdade classificada como a número um no Reino Unido para esse campo de estudo. Emily soube então que a Sussex oferecia um ano de fundação em bioquímica, e Charlie foi persuadido a entrar em contato com eles. Em poucos minutos, eles lhe ofereceram uma vaga e lhe garantiram um quarto em um dos dormitórios. A crise tinha terminado.

E, no entanto, passar pela Curva de Mudança nunca é tão simples assim. Naquela noite, na festa, ele caiu de novo em abatimento. O fato de ele não ter entrado em nenhuma das universidades de sua escolha ainda lhe doía.

Ele também se abateu ainda mais profundamente durante sua primeira semana na universidade. Não conhecendo ninguém e prestes a iniciar um curso de fundação que ele ainda pensava ser para "perdedores", ele nunca se sentira tão só ou tão inútil. O telefonema que ele teve conosco foi de partir o coração. Mas não havia nada que pudéssemos fazer. Ou, para ser mais preciso — não fazer nada era a única coisa boa que podíamos fazer. Ele tinha que tomar as rédeas da situação. Somente ele conseguiria encontrar o caminho para sair de seu abatimento. Para seu máximo e duradouro crédito, ele finalmente admitiu isso (Compreensão) e depois acreditou genuinamente (Aceitação). Ele ligou dois dias depois e nos disse que, depois de se lamentar por algumas horas imediatamente após nosso telefonema, ele se levantou, se olhou no espelho e teve uma boa conversa consigo mesmo. Ele respirou fundo, ajeitou seus ombros para trás e aventurou-se no turbilhão social que é a Semana de Calouros, tendo decidido revelar "o verdadeiro Charlie", apresentando-se ao maior número possível de pessoas com um sorriso genuíno e disposição acolhedora.

Ele nunca olhou para trás. Ele aprendeu a estudar, entrou no ano da fundação, foi aceito no curso de química, tornou-se secretário social de Hóquei Masculino e entrou para o clube de teatro. Em seu primeiro ano, ele ganhou o prêmio de Melhor Ator Coadjuvante da Sociedade Dramática da Universidade Sussex. Em seu segundo ano, as mães de dois de seus amigos mais próximos morreram e ele estava lá para ajudá-los a lidar com as mais enormes mudanças da Plataforma em Chamas. Ele foi eleito presidente do Clube de Hóquei duas vezes, foi indicado para presidente Esportivo do Ano e até conseguiu uma pequena participação em *1917*, um longa-metragem de Stephen Spielberg/Sam Mendes. Ele agora deixou a universidade em Química com honras e venceu os prêmios Clube do Ano, Comitê do Ano e o Prêmio de Liderança da Universidade de Sussex. Ele está por aí e progredindo.

E grande parte de seu sucesso deriva de aprender a lidar com grandes e inesperadas mudanças.

Tal mãe, tal filha

Minha filha incrível, Emily, aprendeu a lidar com a mudança da Plataforma em Chamas ainda em idade mais precoce. Ela foi diagnosticada com artrite idiopática juvenil (AIJ) quando ela tinha apenas sete anos.

O sistema imunológico de seu jovem corpo era tão hiperativo que estava atacando suas articulações — e a dor era horrível. Em vez de pegar uma gripe sempre que ela se enfraquecia, um de seus polegares inchava e ficava imóvel, um joelho inchava até duas ou três vezes seu tamanho normal e seu pescoço inchava e doía por dentro. Ela estava com dores quase constantes e tinha que tomar medicamentos para ajudar a amortecer seu sistema imunológico; medicações de baixa dosagem para câncer como o metotrexato (os efeitos colaterais do metotrexato incluem náuseas e problemas hepáticos), anti-inflamatórios fortes e esteroides — medicamentos que nenhuma criança deveria ter que tomar. A partir do meio da adolescência, ela injetava Etanercept sozinha toda semana.

Esta foi uma enorme mudança que lhe foi imposta. E ela passou sua infância deslizando para cima e para baixo naquela maldita Curva de Mudança. Houve momentos em que ela desmaiou em enchentes de lágrimas, querendo se livrar da dor e temendo a próxima vez que tivesse que remover líquido de seu joelho (um procedimento doloroso) ou tomar uma injeção de esteroides diretamente no joelho (um procedimento ainda mais doloroso).

E, mesmo assim, ela nunca deixou que isso a derrubasse.

A AIJ é uma condição da qual muitas crianças se livram — mas não todas — e Emily experimentou inúmeras falsas esperanças em que pensou que seu corpo tinha se livrado disso, mas a doença sempre voltava pior. Seus médicos anunciaram que ela estava oficialmente "livre de inflamações" aos 21 anos de idade em 2017, tendo reduzido lentamente sua dosagem de drogas durante os anos anteriores. Ela então contraiu febre glandular e foi como se um desfibrilador tivesse sido aplicado em seu sistema imunológico — ela entrou novamente em hiperatividade.

Ela aprendeu a lidar com tudo isso e a não ser definida por sua condição. A AIJ não é ela. É apenas algo que ela tem. Ela aprendeu a aceitá-la e a viver sua vida em torno dela. Ela aprendeu a ouvir seu corpo e a ouvir quando ele lhe pedia para deixar o álcool ou para dormir um pouco. Na universidade, ela ficou em forma e fez ioga para se manter forte — e para ajudá-la a colocar tudo isso em perspectiva. Ela também decidiu procurar ajuda — de um nutricionista, um especialista em intestino, um acupunturista, um osteopata e um clínico geral que pensa holisticamente. Ela tem 24 anos e é incrivelmente bonita, confiante, inteligente, solar, em forma — e está bem.

Ela é formada em Economia pela Universidade de York, onde foi editora da revista *Economics*, fez um estágio na PwC e em um fundo quantitativo sustentável em Londres e se mudou para Sydney, onde o clima quente combina com seu corpo e alimenta sua alma. Ela acaba de ingressar na JPMorgan como analista da ESG e da Equity Research e tem toda sua fabulosa vida pela frente.

Jane e eu não estamos apenas transbordando de orgulho com o que ela alcançou em sua jovem vida até hoje. Estamos ainda mais orgulhosos de como ela o conseguiu. Ela é uma inspiração.

Tal filha, tal mãe

Mas nossas experiências são um pouco leves em comparação com o que minha esposa passou com 13 anos de idade. Em um minuto, ela estava vivendo uma vida idílica no sul da Inglaterra com seus dois irmãos, sua glamorosa mãe ex-comissária da British Overseas Airways e seu inteligente pai, que trabalhava para o Banco Mundial. Em seguida, o telefone tocou. Seu pai tinha sofrido um ataque cardíaco e se afogara em uma praia na Indonésia. O mundo idílico deles desmoronou.

Os anos seguintes foram incrivelmente difíceis na casa dos Purvis, enquanto eles enfrentavam dificuldades para preencher o vazio em suas vidas; enfrentando dificuldade atrás de dificuldade através da Curva de Mudança. Isso foi muito mais difícil do que qualquer coisa pela qual eu já tenha passado. Minha sogra, que de alguma forma criou três filhos sozinha e conseguiu vê-los todos se tornarem adultos fabulosos, encontrou consolo e força no cristianismo, em suas queridas amigas na Wives Fellowship e nos companheiros de adoração em sua igreja local. Minha esposa, Jane, encontrou consolo e força dentro de si. Ela se tornou determinada. Essa era a mudança mais difícil que alguém deveria enfrentar, e ela a enfrentou. Sim, ela ficava incrivelmente chateada e às vezes era dominada pela tristeza, mas recusou-se a pensar em si mesma como uma vítima e estava determinada a fazer o que seu pai sempre quis que ela fizesse — ir à universidade.

Ela se esforçou bastante durante a escola, obteve um diploma em Administração de Empresas pela Universidade de Manchester (anos depois ela descobriu que era exatamente o mesmo curso na mesma universidade que seu pai havia frequentado), foi trabalhar para a Ogilvy & Mather e depois, aos 25 anos, foi para Sydney para o que supostamente seria uma pausa de dois anos. Ela ficaria dez anos e passaria a ser a chefe de promoções da Pepsi, chefe de patrocínio e doações do Westpac Bank (conquistando o direito de ser o naco patrocinador dos Jogos Olímpicos de 2000), chefe de estratégia de marca do Barclays, dar à luz dois filhos incríveis — e casar comigo (não necessariamente nessa ordem).

Jane pode lidar com qualquer mudança. Ela aprendeu a fazer isso há quarenta anos e tem provado isso repetidamente nos 29 anos maravilhosos que nós estamos juntos. Ela é agora uma professora de ioga verdadeiramente sublime e uma terapeuta de ioga totalmente qualificada, com muitos anos de experiência em ambos. Ela ajuda as pessoas a lidar com as mudanças através de exercícios todos os dias. Algumas das mudanças que ela tem permitido que as pessoas aceitem são verdadeiramente notáveis. Ela ajuda as pessoas a realizar milagres.

Eu posso ser um pouco suspeito, mas acho que não existe ninguém como ela.

A Curva de Mudança da "Plataforma em Chamas" não é algo para se navegar uma vez e esquecer. É algo que todos nós temos que fazer continuamente ao longo de nossas vidas.

É parte da vida.

CAPÍTULO DOZE

A Curva de Mudança do "Salto Quântico"

Mesmo uma mudança "boa" envolve a perda de algo; abandonar algo que valorizamos. Mesmo uma mudança "boa" pode parecer um salto para o desconhecido.

CAMPBELL MACPHERSON

Como reagimos à mudança do "Salto Quântico"... a mudança que nós escolhemos

Surpreendentemente, a maneira como reagimos a grandes mudanças que provocamos a nós mesmos raramente é direta. Mesmo que seja uma mudança que quisemos e fizemos acontecer, passamos por uma montanha-russa emocional semelhante. Vamos olhar novamente para a Matriz da Mudança, mas dessa vez no quadrante "Salto Quântico" (Figura 12.1).

Pare para pensar em quando você instigou uma grande mudança — decidir se casar, ter um bebê, comprar uma casa, mudar de casa, mudar de emprego ou almejar — e conseguir — uma promoção.

Embora a Curva de Mudança de Kübler-Ross seja uma ajuda inestimável a ser alcançada quando a mudança nos é imposta, ela não funciona completamente quando se trata de mudanças que nós provocamos. Por isso, adaptei novamente sua brilhante ferramenta, dessa vez para construir uma curva de mudança que documente nossas reações automáticas e normais a grandes mudanças que nós mesmos escolhemos. Bem-vindo à Curva de Mudança do Salto Quântico (ver Figura 12.2). Ela é mais rasa que sua irmã e quase tão poderosa quanto.

FIGURA 12.1 A Matriz da Mudança: o Salto Quântico

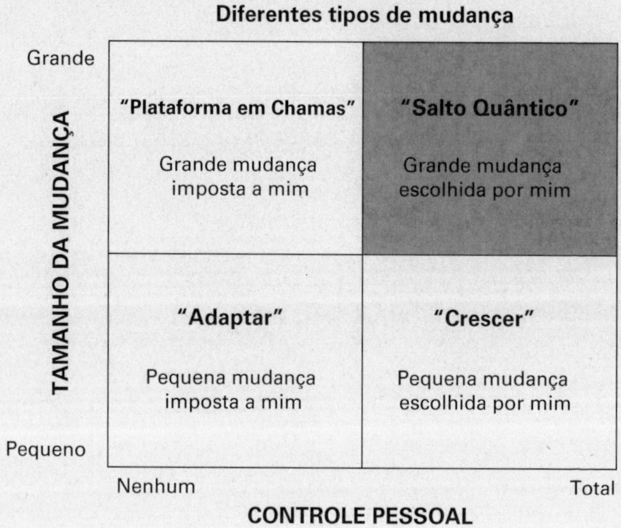

FIGURA 12.2 A Curva de Mudança do Salto Quântico: para mudanças que provocamos

A CURVA DA MUDANÇA DO SALTO QUÂNTICO

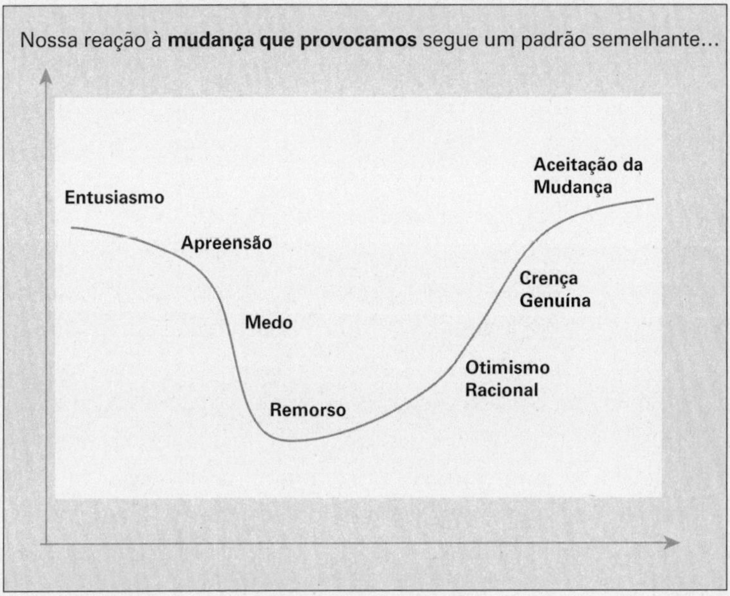

O **entusiasmo** é a primeira emoção que experimentamos quando se trata de mudanças significativas que provocamos. Uma promoção! Uma nova escola! Uma casa nova! Um novo emprego! Um novo negócio! Um casamento! Qualquer coisa nova é sempre emocionante. Nossa psique se diverte com a emoção de tudo isso — pois, se não fosse assim, nunca tomaríamos a decisão de mudar. Por um tempo, só conseguimos ver o entusiasmo. Mas mesmo quando o que está em movimento é uma boa mudança, dúvidas e medo, muitas vezes, podem ser encontrados à sombra do entusiasmo.

Mesmo quando o que está em movimento é uma boa mudança, dúvidas e medo, muitas vezes, podem ser encontrados à sombra do entusiasmo.

Apreensão é a próxima sensação a vir à tona. Sei que será emocionante, mas e quanto a todos os detalhes? Onde e quando vamos realizar esse casamento? Eu tenho dinheiro suficiente? E se houver algo errado com a casa? Terei sucesso nesse novo trabalho? Será que vou conseguir a promoção?

Uma das preocupações com relação a conseguir uma promoção no trabalho é o que David Rock, neurocientista australiano, chama de "perda de relacionamento". Lembrando que mesmo uma boa mudança significa uma perda de algo — o candidato bem-sucedido de repente não só tem um novo status, mas esse novo status inevitavelmente significa que o relacionamento com seus antigos colegas mudará. Isso é difícil. Alguns novos líderes de equipe nunca se recuperam e desejam ser promovidos. Mudar de casa, mudar de escola e ir à universidade são todos exemplos de mudanças emocionais que resultam em uma perda de relacionamento.

E, frequentemente, a apreensão se amplifica e se transforma em...

Medo. O medo do futuro não é exclusivamente reservado às mudanças que nos foram impostas. É também uma reação normal à "boa" mudança; à mudança que escolhemos. Parece contraintuitivo que uma boa mudança nos fará temer ou entrar em pânico, mas isso acontece. Um de meus amigos mais íntimos foi um dos diretores mais jovens e competentes do Rothschild's Bank. Na verdade, ele teve que esperar até seu trigésimo aniversário para que sr. Evelyn lhe permitisse tornar-se diretor. Mais ou menos um ano depois, perguntei sobre o que ele pensava quando se olhava no espelho todas as manhãs. "Você realmente quer saber?", ele respondeu. "Eu penso: 'Hoje é o dia em que eles vão me desmascarar.'" Esse sentimento é chamado de Síndrome do Impostor e é uma reação ridiculamente comum às promoções — em todas as esferas da vida. As organizações não gastarem mais esforços para ajudar as pessoas recém-promovidas a serem bem-sucedidas me deixa perplexo.

Há alguns anos, tive a sorte de receber um contrato de três anos com um dos maiores Fundos Soberanos do mundo, sediado em Abu Dhabi. Era um compromisso em tempo integral com uma organização altamente respeitada que faria coisas maravilhosas para minha carreira e meu saldo bancário. Isso me faria voar por todo o mundo em grande estilo e me permitiria viver em uma parte fascinante e exótica do mundo. O melhor de tudo: eu poderia evitar o inverno inglês por três anos consecutivos! Eu estava entusiasmado. Mas, e há sempre um "mas", isso significaria uma enorme mudança para minha família. Nosso quarteto nuclear estaria, após dezesseis anos fabulosos, sujeito a uma mudança abrupta e prematura. Por causa da minha mudança, nosso filho escolheu iniciar o internato. Nossa filha estava indo para a universidade, mas eu partiria primeiro e a mudança significaria que Jane e eu não estaríamos no país para ajudá-la se necessário. Apesar de todos termos decidido que era a coisa certa a fazer, eu me sentei no avião em direção ao Golfo Pérsico cheio de apreensão e de um medo paralisante de que eu tivesse tomado a decisão errada. Depois, inevitavelmente, caí em remorso (e depois avancei pelo resto dessa curva de mudança enquanto o voo continuava).

O **remorso** é um fenômeno estranho e inescapável quando se trata de mudança — até mesmo uma boa mudança. O "Remorso do Comprador" é uma reação bem conhecida que ocorre quase sempre que compramos algo. Talvez a Samsung oferecesse uma televisão melhor. Não tenho mais certeza se gosto da casa — e nós nem mesmo nos mudamos para cá! É realmente com ele que eu quero passar o resto da minha vida? O Remorso do Vendedor é o outro lado da moeda, mas igualmente comum. Será que consegui o melhor preço? Por que eu disse que sim? No que eu estava pensando!?

Otimismo racional. Em vez da etapa de "compreensão" da curva anterior, chamei essa etapa de "otimismo racional". Aprendemos que a decisão que tomamos nem sempre é fácil. Cada lado bom tem seu lado ruim. Cada lado positivo tem seu lado negativo. Cada decisão tem um conjunto de consequências. Aprendemos que este novo negócio pode demorar um pouco para começar a funcionar. Aprendemos que pode demorar algum tempo para nos acostumarmos com este novo telefone. Aprendemos que temos que estudar e sair para fazer amigos na universidade. Aprendemos que temos que trabalhar para que a mudança seja bem-sucedida.

Mas somos otimistas de qualquer forma. Nossa cabeça racionalizou que mesmo com todas as consequências que agora sabemos que existem, podemos fazer isso. Podemos triunfar.

Crença genuína. E então a aceitamos. Se quisermos continuar com a mudança, o otimismo racional deve se transformar no sentimento mais profundo e sincero de aceitação das consequências do que fizemos e reafirmando as razões que nos levaram a escolher essa mudança. A aceitação é um estado fabuloso. Ao chegar a essa etapa, transformamos entusiasmo em realidade. A aceitação nos permite fazer planos informados e a execução desses planos nos permite...

Cada lado bom tem seu lado ruim. Cada lado positivo tem seu lado negativo. Cada decisão tem um conjunto de consequências.

Aceitar a mudança. Agora podemos seguir em frente, aceitando e executando a mudança. Podemos começar a torná-la real. No meu caso, isso significava desembarcar do avião e literalmente pisar em um mundo totalmente novo.

CAPÍTULO TREZE

A vida na Curva de Mudança do Salto Quântico

Devemos ter perseverança e, sobretudo, confiança em nós mesmos. Devemos acreditar que temos o dom para alguma coisa e que essa coisa deve ser alcançada.

MARIE CURIE[1]

Permita-me apresentar-lhe uma das pessoas mais impressionantes e inspiradoras que tive o privilégio de conhecer.

A dra. Bronwyn King, AO, é uma força da natureza. Sua energia é contagiante. Sua história é inspiradora. A intensidade do compromisso com sua missão pode, às vezes, ser impressionante; mas sua missão também é.

Ela quer convencer e ajudar as principais instituições financeiras do mundo a parar de investir no tabaco; uma substância viciante que mata mais pessoas em um mês do que drogas ilegais, armas e guerra combinadas em um ano.

Descrever sua missão como ambiciosa seria muito pouco, pois ela está enfrentando dois dos mais formidáveis oponentes imagináveis — o câncer e a poderosa indústria do tabaco. Essa é a sua história. Até agora.

É a história da maneira como as maiores instituições financeiras do mundo estão começando a evitar uma indústria cujos produtos matam dolorosa e prematuramente muitos de seus clientes.

É também uma história inspiradora das provações, tribulações e alegrias de trazer mudanças genuínas e significativas; de alguém que vem deslizando para cima e para baixo na Curva de Mudança do Salto Quântico desde 2010.

Deixe-me primeiro contextualizar, porque a história de Bronwyn é fascinante e ao mesmo tempo inspiradora. "A epidemia do tabaco é uma das maiores ameaças à saúde pública que o mundo já enfrentou, matando mais de oito milhões de pessoas por ano em todo o mundo."[2]

Deixe-me tentar esclarecer esse número horrendo em algumas linhas:

- O ataque terrorista de 11 de setembro em Nova York matou quase três mil pessoas. O tabaco matou três mil pessoas antes das 3h15 da manhã no dia em que você está lendo este livro. O número de mortos por causa do tabaco é o equivalente a sete ataques do 11 de setembro todos os dias do ano.
- Cerca de cinquenta mil norte-americanos morrem de overdose de opiáceos todos os anos. É uma tragédia chocante. Para cada morte causada por opioides, há dez mortes por causa do tabaco.
- Estima-se que, anualmente, duzentas mil pessoas morrem prematuramente devido ao uso de drogas no mundo todo, de acordo com o Escritório das Nações Unidas sobre Drogas e Crime — principalmente opioides, mas também cocaína, heroína, metanfetamina e similares. Isso é considerado tão devastador para nossas sociedades que justifica que nossos governos gastem bilhões de dólares todos os anos em "guerras contra as drogas". O tabaco mata duzentas mil pessoas a cada nove dias. Onde está a "guerra contra o tabaco"?
- Todos os anos, 250 mil pessoas são vítimas de mortes por armas não relacionadas com a guerra em todo o mundo. O tabaco mata essa quantidade de pessoas a cada 11 dias.

- O holocausto foi um dos momentos mais sombrios da humanidade. Seis milhões de pessoas inocentes foram massacradas. O tabaco mata tantas pessoas quanto o holocausto a cada nove meses.

Em média, os fumantes morrem dez anos antes dos não fumantes, de acordo com o Centro de Controle e Prevenção de Doenças (CDC) dos EUA. O CDC também declara que o tabaco mata quase metade de seus usuários. Isso significa que os fumantes estão efetivamente jogando roleta russa, mas com balas em câmaras alternadas; pois enquanto um em cada dois fumantes viverá longas vidas (embora frequentemente atormentado com inúmeros problemas de saúde), a outra metade morrerá, em média, vinte anos mais cedo — vinte anos.

O CDC estima que mais de quinhentos milhões de fumantes vivos hoje morrerão prematuramente por causa do fumo — quinhentos milhões de mortes evitáveis, prematuras e muitas vezes dolorosas.

E por meio de nossas aposentadorias e investimentos, muitos de nós temos lucrado, ainda que involuntariamente, com toda essa carnificina. Desde a formação das sociedades anônimas, a indústria global de serviços financeiros tem sido uma entusiasta apoiadora dos fabricantes desse produto mortal; um produto que matou três pessoas no tempo que você levou para ler esta frase.

Até agora.

O momento em que uma oncologista descobriu que ela estava investindo no tabaco

A dra. Bronwyn King recebeu a Ordem da Austrália por "serviço distinto à saúde da comunidade" em janeiro de 2019. Como nadadora de elite, ela representou a Austrália e foi médica da Equipe Australiana de Natação de 2002 a 2010, com incrível sucesso. Mas é na oncologia, área em que escolheu atuar, que está mudando o mundo — e de maneiras que ela nunca esperou.

Em 2001, a dra. King começou a trabalhar no departamento de radioterapia do mundialmente renomado Peter MacCallum Cancer Centre de Melbourne. Seu momento de mudança de vida veio em 2010, após mais um dia de luta contra o câncer induzido pelo tabaco, durante uma reunião de rotina com um representante do fundo de pensão do hospital. A dra. King ficou chocada ao descobrir que uma proporção significativa de suas economias, e as de todos os seus colegas no hospital, estava sendo investida em empresas de tabaco. Como Bronwyn lembrou:

> Somos o maior centro de câncer do hemisfério Sul. Um terço dos cânceres são causados pelo tabaco e aqui estávamos nós, todos esses médicos e enfermeiras, que passamos nossas vidas lutando contra o câncer, descobrindo que nosso dinheiro estava sendo investido nas próprias empresas cujos produtos estavam matando nossos pacientes! [...] Fiquei sem palavras. Depois que o representante partiu, fiquei no café por alguns momentos em estado de choque, processando o que ele me havia dito.

O próximo passo da dra. King foi apresentar a notícia a seus colegas:

> No hospital, toda sexta-feira à tarde um membro da equipe de radioterapia era encarregado de apresentar um caso interessante para o resto da equipe. Minha apresentação de "caso interessante" seria cerca de três semanas depois que descobri que estávamos investindo no tabaco. Então, em vez de apresentar um caso clínico, apresentei isso.

Ela alertou para o fato de que todos estavam apoiando a indústria do tabaco com seus investimentos de longo prazo. Ela então olhou diretamente nos olhos de cada um de seus colegas, um de cada vez, e disse: "Você investe na Phillip Morris. Você investe na British American Tobacco." Para a professora da unidade de câncer de pulmão, ela declarou: "Você investe na Imperial Tobacco." "Isso é o que tem acontecido com nosso dinheiro e tem acontecido desde que estamos trabalhando aqui. Eu não acho que seja adequado", encerrou.

O chefe de radioterapia ficou igualmente consternado e disse: "Você precisa dizer isso ao CEO." Então ela disse. Ele então providenciou para que ela fizesse uma apresentação para a liderança do Health Super, o fundo de pensão especializado que investia as economias de milhares de trabalhadores da saúde em todo o estado de Vitória (Austrália):

> Era um mundo totalmente diferente. Eu era médica. Eu não sabia nada sobre finanças. Não tinha ideia de como falar "financês". Fiz muito dever de casa para aprender sobre a indústria, mas ainda era amadora. Cerca de uma hora antes da reunião, liguei para meu pai e disse "Você poderia pronunciar a palavra fi... fi... poderia pronunciá-la para mim?" Procurei no Google como pronunciar a palavra "fiduciário". Liguei para meu pai para ouvir a pronúncia e pedi: "Agora, você pode colocá-la em uma frase para mim?" Então, tivemos a reunião. O CEO do hospital, nosso chefe de Comunicação de Mídia, o CEO do Health Super, seu diretor de investimentos e eu.

E nada aconteceu.

O hospital procurou os outros superfundos com os quais eles tinham relações. As reuniões foram positivas, mas, mais uma vez, pouca ação foi imediata. "Fiquei incrivelmente frustrada. Não fazer nada era um risco genuíno para nossa marca hospitalar. Médicos, enfermeiros e profissionais de saúde associados estavam todos inadvertidamente investindo seu dinheiro no tabaco e, no entanto, éramos uma voz de liderança no combate ao tabaco e ao câncer."

E 2010 passou sem nenhum movimento discernível, para a consternação de Bronwyn. Então, em meados de 2011, ela foi convidada a apresentar a toda a diretoria dos dois maiores fundos *superannuation*, fundos previdenciários para trabalhadores da saúde australianos, acompanhada pelo professor da unidade de câncer de pulmão e Peter MacCallum, o CEO.

Ela falou sobre como os membros do fundo cuidavam da comunidade, como os próprios fundos patrocinavam campanhas anticancerígenas e simplesmente disse:

> Você está nos representando. Você faz essas grandes coisas e, no entanto, elas entram em conflito com a maneira como você investe. Você investe em nome da indústria da saúde. Você representa os médicos e enfermeiras que lidam com o câncer todos os dias. Isso não funciona.

O que eu adoro na abordagem de Bronwyn é que ela não joga o jogo da culpa. Ela é apaixonada pelo assunto, mas não deixa que suas emoções caiam na raiva. Ela sabe que tal abordagem simplesmente forçaria as pessoas a entrarem na defensiva e as levaria a encontrar várias razões pelas quais elas não podem ou não querem mudar. Sua falta de ataque emocional deu-lhes espaço para se moverem, tempo para considerarem. Ela lhes deu uma saída, um caminho para mudar:

> Eu sabia que a reunião tinha corrido bem por causa de um belo momento que ocorreu imediatamente depois. Saímos após a reunião e um membro da diretoria me seguiu para fora da sala, me alcançando antes de eu chegar ao elevador. Ela foi atrás de mim para dizer: "Só para que você saiba, minha mãe morreu de câncer de pulmão. Muito obrigada por fazer isso."

Foi assim que a maioria das reuniões da dra. King terminaram desde então:

> Se houvesse mais de três ou quatro pessoas na sala, alguém vinha me seguir até o elevador. Se eles não conseguissem, eles me enviavam um e-mail na mesma noite e diziam "Só para que você saiba, eu estava em sua apresentação hoje. Eu não disse nada, era o terceiro cara à esquerda. Meu pai morreu de câncer de pulmão quando eu tinha quinze anos de idade. Nunca me recuperei. Te desejo força. Vá em frente."

Entretanto, mesmo com uma reação visceral de alguns dos membros da diretoria, a decisão de retirar as empresas de tabaco das carteiras da Health Super levou mais um ano (ela estava se fundindo com um fundo muito maior, o First State Super, para formar um gestor de ativos de 35 bilhões de dólares) e a alienação das ações de tabaco certamente não foi uma decisão fácil de tomar.

A primeira responsabilidade de um fundo de pensão é administrar a poupança em nome de seus membros — e a entrega de um retorno financeiro é, naturalmente, a principal razão para a existência do fundo. O tabaco é, afinal de contas, um produto legal. A diretoria do fundo tinha algum direito de fazer esse tipo de julgamento moral? Uma ação desse tipo poderia estar realmente em contravenção ao seu dever fiduciário? Os fundos de *superannuation*, por lei, são obrigados a "atuar nos melhores interesses dos membros", o que até muito recentemente tem sido interpretado em um sentido puramente financeiro. Afinal de contas, eles estão no negócio de administração financeira.

"Entendo que, inicialmente, alguns diretores estavam indecisos. No entanto, no final, após considerável modelagem de investimento e muita discussão, a diretoria estava unida em sua determinação de eliminar o tabaco de todos os portfólios", disse Bronwyn.

O tempo também estava ao lado dela. O pioneiro "Tobacco Plain Packaging Act" da Austrália foi anunciado em 2011 para entrar em vigor em 1º de dezembro de 2012. "Eu podia dizer à diretoria que estas eram ações cujo produto estava sendo condenado e restringido por todos os governos do país", lembra o CEO do First State Super, Michael Dwyer. "Eu disse à diretoria que as ações de tabaco não tinham nenhuma característica redentora."

Embora tenha demorado mais cinco anos até que as ações de tabaco atingissem o auge e começassem a cair no mundo inteiro, muitos fundos australianos enxergaram o mau presságio em 2012 e concluíram que o tabaco parecia ser um investimento questionável para os verdadeiros investidores de longo prazo.

Em 19 de julho de 2012, o First State Super anunciou que estava removendo o tabaco de todos os seus portfólios. Não apenas das carteiras de trabalhadores da saúde, mas de cada um de seus fundos.

"Eu estava em licença-maternidade", lembra Bronwyn. Recebi um telefonema na véspera, do CEO do hospital, dizendo: "Só para que você saiba, vai aparecer no jornal. Eles vão agir." Desliguei o telefone e fiquei um pouco chocada. "Ah, meu Deus, está acontecendo!"

Passaram-se dois anos e meio desde aquela fatídica reunião com seu fundo de pensão. Mas ela tinha conseguido. Os trabalhadores da saúde em toda a Austrália não investiriam mais em tabaco. Minha pergunta para ela era: por que ela simplesmente não parou por aí?

> Porque eu sabia que, se um deles podia fazer isso, e se é a coisa certa a fazer, então todos eles poderiam. O First State era o terceiro maior fundo da Austrália. Eles fizeram isso, e a imprensa foi extremamente positiva. Eles se sentiram ótimos. Portanto, outros também poderiam. Mas eu não tinha ideia do que fazer a seguir.
>
> Por isso escrevi uma carta de agradecimento a Michael Dwyer e perguntei se poderia encontrá-lo. Desde então, Michael se tornou meu mentor. Ele é uma pessoa muito, muito especial. Nós nos demos bem. Ele viu que era uma questão que valia a pena enfrentar, e ele também sabia que, se ele e seu fundo puderam fazer isso, não haveria razão para que os outros não pudessem também. E ele sentiu, de verdade, que era a coisa certa. Nossa primeira reunião terminou com ele dizendo: "Olha, e se eu lhe dissesse que iria a Darwin no próximo mês para uma conferência de todos os fundos de pensão relacionados ao governo na Austrália e lhe dissesse que poderíamos fazer um discurso sobre isso juntos, o que você diria?" E eu respondi: "Faça uma reserva para mim." Foi aí que as coisas realmente começaram a andar.

Da Austrália para o mundo

Até 2016, Bronwyn havia persuadido 35 fundos australianos de *superannuation*, que controlavam quase metade do total dos fundos sob gestão, a remover o tabaco de suas carteiras. No final de 2018, os fundos australianos que controlavam um total de 1,3 trilhão de dólares de ativos haviam ficado completamente livres do tabaco.

Por mais impressionante que esse número seja, a Austrália é uma pequena parte da economia global. Os fundos australianos representam apenas quatro por cento do total dos fundos de pensão globais.[3] Para cumprir sua missão, os Tobacco Free Portfolios precisavam espalhar sua palavra internacionalmente.

E assim o fizeram — a começar pela segunda maior seguradora do mundo, a AXA. Como muitas seguradoras, a AXA estava enfrentando o conflito inerente de ser uma seguradora de saúde que também investia no tabaco. "O tabaco era um problema para a saúde, mas não era um problema para os investidores", explicou Sylvain Vanston, chefe de Responsabilidade Social Corporativa da AXA. "Quando conheci Bronwyn, ela começou imediatamente a juntar as peças do quebra-cabeça que nós não tínhamos. Ela nos perguntou: 'Você criaria ou investiria em uma indústria agora sabendo que no próximo ano mataria milhões de pessoas e custaria aos sistemas globais de saúde um trilhão de dólares?'"[4]

Não precisou de muito para convencer o novo CEO da AXA, Thomas Buberl. "As decisões demoram mais quando são ambíguas", diz Buberl. "Não há nada ambíguo a respeito do tabaco."[5] Ele vinha argumentando que a indústria de seguros precisava mudar de uma indústria que pagava contas médicas para uma indústria que ajudava os clientes a fazer escolhas de vida mais saudáveis. E, claro, havia também um aspecto financeiro nessa decisão: os avanços na medicina transformaram o câncer de pulmão de uma sentença de morte rápida para uma doença letal, prolongada, crônica — e cara.

Na véspera da Páscoa de 2016, Bronwyn recebeu um e-mail da AXA: "Decidimos seguir sem o tabaco. Se você puder, podemos discutir mais. Obrigado por sua ajuda."

Dois meses depois, ao lado da dra. King em uma reunião na véspera da Assembleia Mundial da Saúde em Genebra, Thomas Buberl anunciou que eles estavam vendendo duzentos milhões de euros de ações de tabaco e diminuindo 1,6 bilhão de euros de títulos corporativos de tabaco.

O Tobacco Free Portfolios havia se tornado global.

O Compromisso

O Tobacco-Free Finance Pledge é uma iniciativa para que as instituições financeiras formalizem seu compromisso de "ser parte da solução para garantir um mundo sem tabaco para as gerações atuais e futuras".

Ao assinar o compromisso, as organizações se comprometem a trabalhar em conjunto para aumentar a conscientização sobre a questão de empréstimos, investimentos e seguros para as empresas de tabaco; e para incentivar a adoção de políticas financeiras que não envolvam o tabaco em empréstimos, investimentos e seguros. O compromisso foi formalmente lançado em 26 de setembro de 2018 em um Evento paralelo de alto nível à margem da Assembleia Geral da ONU, na sede das Nações Unidas, Nova York, em parceria com os Princípios para Investimento Responsável, os Princípios para Sustentabilidade em Seguros da ONU, a Iniciativa Financeira do Programa das Nações Unidas para o Meio Ambiente e quatro parceiros financeiros fundadores — BNP Paribas, AXA, Natixis e AMP Capital.

A Tobacco Free Portfolios era agora uma iniciativa global apoiada pela ONU.

Fazendo o bem vs fazendo bem

Os clientes esperam que eu exerça um julgamento de aplicações financeiras, e não um julgamento moral.

NEIL WOODFORD[6]

A indústria de serviços financeiros fora da Austrália, Nova Zelândia, Canadá, Holanda e países nórdicos considera a decisão de parar de investir no tabaco um desafio — especialmente no Reino Unido e nos Estados Unidos. O tabaco pode matar milhões de pessoas por ano e a indústria pode explorar os jovens (de oitenta a cem mil crianças começam a fumar todos os dias em algum lugar do mundo, de acordo com a Organização Mundial da Saúde, e "em comunidades empobrecidas de cultivo de tabaco, o trabalho infantil é desenfreado",[7] de acordo com a Organização Internacional do Trabalho), mas é um produto legal e as ações de tabaco são membros firmes das principais bolsas do Reino Unido e dos Estados Unidos.

Se você investe em fundos que atingem o FTSE 100 ou o Dow Jones, você investe em tabaco. Como trabalhei na indústria de serviços financeiros internacionais por várias décadas, sei que um argumento moral por si só é insuficiente. Ele deve ser acompanhado de uma justificativa financeira hermética. Os administradores de ativos precisam demonstrar que suas carteiras podem proporcionar o mesmo resultado, senão melhor, sem o tabaco para que possam "fazer o bem *e* fazer bem", evitando as ações de tabaco. (E eles podem. A ABP obteve um lucro de vinte por cento no desinvestimento de participações em produtores de tabaco e na indústria de armas nucleares em 2018 — um ganho de setecentos milhões de euros para seus titulares de contas de pensão).

Se você investe em fundos que atingem o FTSE 100 ou o Dow Jones, você investe em tabaco.

"Não é possível ser um investidor 'responsável' ou 'sustentável' no tabaco", explica a dra. King. "Ou você está 'dentro', o que significa que você quer que as empresas cresçam e tenham sucesso e prosperem e encontrem novos clientes, ou você está 'fora'."

Criado pelo governo britânico, o Nest, sistema de aposentadoria cofinanciado por funcionários e empregadores, está se retirando do tabaco — por razões de desempenho. O Nest administra mais de dez bilhões de libras esterlinas em nome de mais de oito milhões de contribuintes que são autoinscritos em sistemas de pensão padrão da empresa. Mark Fawcett, diretor de informação da Nest, acredita que o modelo de negócios da indústria do tabaco parece cada vez mais insustentável:[8]

> Há alguns anos, temos enfatizado nossas preocupações específicas em relação aos investimentos em tabaco e seu desempenho. As empresas tabagistas estão enfrentando desafios legais em todo o mundo por parte de governos que tomam medidas contra uma indústria que causa sérios danos a seus cidadãos. O ambiente regulatório mais severo impede que as empresas de tabaco atraiam novos clientes e aumentem sua participação no mercado dos que já são fumantes. Em nossa opinião, o tabaco é uma indústria em dificuldades que está sendo regulada para deixar de existir.[9]

Com o tabagismo em um declínio dramático e talvez crônico,[10] somado às dúvidas se o cigarro eletrônico preencherá a lacuna de receita a longo prazo (não importa quantos novos viciados esses novos produtos criem), acirramento da legislação e das preocupações da comunidade tanto sobre o tabagismo quanto sobre o cigarro eletrônico, proliferam-se questionamentos sobre a atratividade das ações de tabaco como um investimento a longo prazo.

Se os administradores de ativos não precisam investir no tabaco para gerar retornos superiores para seus clientes, eles podem deixar de financiar empresas cujos produtos matam milhões de pessoas e custam bilhões de dólares a nossas sociedades.

Todos saem ganhando.

Dra. Bronwyn King e a Curva de Mudança do Salto Quântico

"Viajei para cima e para baixo naquela Curva de Mudança mais vezes do que gostaria de lembrar", admitiu Bronwyn:

> Minha primeira reação quando descobri, em 2010, que eu estava investindo no tabaco foi "desilusão", o que me impulsionou a agir. A Curva de Mudança do Salto Quântico entrou em ação quando a Tobacco Free Portfolios foi formalmente estabelecida em 2015. Lembro-me claramente da sensação de "entusiasmo" de criar essa nova instituição para consertar algo tão importante.

A apreensão que você descreve chegou quando percebi que nunca tinha feito nada assim antes. Não tinha ideia de como falar "financês" ou como abordar os CEOs dos fundos de pensão. A "intimidação" não dava conta. Se eu duvidava de mim mesma? Inúmeras vezes! E com certeza já estive algumas vezes nessa zona de abatimento — me perguntando se eu havia dado o passo maior que a perna. Mas eu mudei o mais rápido possível. Meus anos como competidora de natação me ensinaram que o sucesso depende de mim. Ninguém pode fazer isso por mim. Embora um descanso ocasional no "remorso", como você o chama, possa ser inevitável, é insalubre ficar ali por qualquer período. Portanto, eu não faço isso.

Tenho muita sorte de ter o apoio de minha família, minha equipe da Tobacco Free Portfolios e muitos mentores que mantêm meu espírito elevado e minha energia concentrada. As viagens incessantes têm um custo para todos, sem mencionar a carga financeira, que tem sido muito significativa.

Mudar o mundo não é para os de coração fraco.

O Império contra-ataca?

A mudança raramente é fácil e nunca linear. Toda iniciativa de mudança é uma montanha-russa, com canais seguindo picos com uma frequência quase previsível.

Quando se trata de liderar mudanças, aconselho meus clientes a se perguntarem "o que poderia dar errado?" e planejarem de acordo. Assim, perguntei à dra. King se o Tobacco Free Portfolios está pronto para os inevitáveis desafios que se apresentam; se ela está pronta para a inevitável retaliação uma vez que os provedores de "varetas de câncer" comecem a reagir ao seu sucesso, e se os fundos de pensão e gerentes de ativos vão manter a coragem.

Nos últimos anos, a bolsa de valores facilitou muito o desinvestimento dos administradores de ativos em ações de tabaco — as ações de tabaco despencaram. Em meados de junho de 2019, as ações das três grandes empresas de tabaco (Altria, Philip Morris [PMI] e British American Tobacco [BAT]) haviam perdido um terço de seu valor.

Enquanto isso, as empresas de tabaco têm trabalhado muito para mudar a percepção de sua indústria; adotando a linguagem dos capitalistas responsáveis, falando da "Próxima Geração e Produtos de Risco Potencialmente Reduzido" tais como "mercados de tabaco oral e nicotina". Eles também estão empenhados em ressaltar o seguinte:

> A indústria do tabaco continua a contribuir substancialmente para as economias de muitos países e para a subsistência de milhões de pessoas em todo o mundo, incluindo agricultores, varejistas e aqueles empregados na cadeia de fornecimento de tabaco.[11]

As empresas de tabaco são incrivelmente lucrativas e usam suas vastas montanhas de dinheiro para pagar altos dividendos (no final de 2018, a BAT estava pagando um rendimento de dividendos de sete por cento[12]) e adquirir empresas não tabagistas (incluindo as novas empresas legais emergentes de maconha e as empresas de cigarros eletrônicos). Eles proclamam que estão se transformando de empresas tabagistas em conglomerados de "estilo de vida" que só por acaso têm divisões de tabaco.

A Philip Morris International até contratou um guru da sustentabilidade globalmente respeitado, o professor Robert Eccles, da Universidade de Oxford, para aconselhá-los em assuntos de "sustentabilidade, impacto social e engajamento de investidores". O professor Eccles é uma grande escolha. Ele foi o presidente fundador do Sustainability Accounting Standards Board e do Arabesque Asset Management, um fundo da ESG. Em 2011, ele foi nomeado como um dos 100 Maiores Líderes do Pensamento em Comportamento Empresarial Confiável do mundo, e em 2014 e 2015 foi declarado como uma das 100 Pessoas Mais Influentes na Ética Empresarial.

O trabalho do dr. Eccles parece ser o de encorajar os investidores a se envolverem com a indústria em vez de excluí-la, uma abordagem que contraria explicitamente os princípios e valores tanto da ONU como da Organização Mundial da Saúde.

Em um artigo detalhado no LinkedIn, intitulado *Resolvendo o problema do cigarro*,[13] o professor Eccles afirma que não sabia que (a) a nicotina era o componente viciante dos cigarros e (b) que era "a queima de tabaco que na verdade mata as pessoas". Esse posicionamento surpreendentemente ingênuo e terrivelmente conveniente lhe permite elogiar os esforços do PMI para promover "mecanismos (potencialmente) menos prejudiciais para a entrega de nicotina aos fumantes, tais como produtos de tabaco aquecido e os cigarros eletrônicos".

A indústria do tabaco está implantando seus vastos exércitos de RP, marketing e profissionais do direito para distrair investidores e legisladores do fato de que seus produtos serem tão letais.

Táticas como essas serão suficientes para aplacar a consciência dos investidores institucionais? Será que uma suposta "transformação" corporativa, aliada a altos dividendos e uma visão de crescimento futuro de cigarros eletrônicos e maconha, será suficiente para que a maré de investimento comece a fluir de volta?

O que a dra. King terá que fazer para ajudar os fundos de pensão globais, administradores de ativos e proprietários de ativos a "manter a fé"?

> Não podemos ser complacentes. Não podemos deixar de nos lembrar do porquê de estarmos fazendo isso. Não podemos deixar de lembrar aos fundos de pensão, investidores institucionais e gerentes de fundos que assinaram o compromisso sobre o porquê de estarem fazendo isso. Não podemos parar de espalhar essa ideia para o resto da comunidade de investimentos. Simplesmente não podemos parar.

Com receitas anuais coletivas de cerca de 760 bilhões de dólares (e esse valor exclui o enorme mercado chinês!), a indústria do tabaco está implantando seus vastos exércitos de RP, marketing e profissionais do direito para distrair investidores e legisladores do fato de que seus produtos são letais. Eles estão continuamente à procura de novas maneiras de dar aos investidores institucionais desculpas para investir neles; para ajudá-los a manter-se e a receber dividendos. Eles estão até mesmo tentando se posicionar como parte da solução! A máquina de relações públicas da PMI está trabalhando sem parar, declarando um sonho de um "futuro sem fumaça" e fornecendo fundos para a "Fundação sem cigarro", cujo objetivo declarado é "melhorar a saúde global, acabando com o fumo nessa geração"[14] – tudo desenvolvido para dar um ar de responsabilidade social. Para mim, isso é, e me perdoe o trocadilho, pouco mais do que uma cortina de fumaça.

A dra. Vera da Costa e Silva, chefe do secretariado da OMS FCTC, é muito menos caridosa:

> Por muitos anos, os barões do tabaco global se camuflaram como bons cidadãos globais, executivos de fala suave e bem versados na linguagem tranquilizadora da responsabilidade social corporativa. Eles se disfarçaram de parceiros para programas decentes e bem-intencionados destinados a melhorar a situação dos mais pobres e vulneráveis do mundo. E você pode ver o que eles ganham: um convite para falar aos tomadores de decisão de mais alto nível, o que oferece uma aura de respeitabilidade e alimenta a narrativa de parceria responsável. Isso é uma mentira.[15]

As tentativas da PMI de se posicionar como uma cidadã corporativa responsável, ironicamente, com o bem-estar de seus clientes no coração de seus negócios, são desonestas por duas razões.

Primeiro, o tabaco mata quase um milhão de pessoas a cada seis semanas. Centenas de milhões de pessoas morrerão devido ao tabaco antes que qualquer empresa de tabaco se torne genuinamente "livre de fumo". E segundo, "livre de fumo" é uma expressão escorregadia. "Para muitos pode parecer benéfico, talvez até mesmo bom para você, mas o que isso realmente significa? Significa 'livre de tabaco'? Não. E certamente não significa seguro", explica a dra. King.

A indústria está fazendo um grande negócio com seus produtos de "tabaco aquecido" ou "cigarro eletrônico", como é comumente conhecido. O "cigarro eletrônico" é a bala mágica da indústria do tabaco; a potencial resposta, eles esperam, para sua própria longevidade corporativa.

Mas o que é isso? E qual é o perigo?

Cigarro eletrônico é um aerossol criado pelo aquecimento de uma mistura líquida de produtos químicos e nicotina que os usuários tragam. "O vapor é feito de partículas finas e ultrafinas nas quais foram encontrados propilenoglicol, glicerina, nicotina, aromas, pequenas quantidades de tóxicos, cancerígenos, metais pesados e nanopartículas de metal, entre outras substâncias."[16]

Nas palavras do dr. Michael Blaha, médico e diretor de pesquisas clínicas do Centro Ciccarona para prevenção de doenças cardíacas da Universidade Johns Hopkins: "Você está se expondo a muitos produtos químicos que ainda não entendemos e que provavelmente não são seguros."[17]

Em 22 de agosto de 2019, os Centros de Controle e Prevenção de Doenças dos Estados Unidos relataram 193 casos potenciais de doenças pulmonares graves ligadas ao cigarro eletrônico em 22 estados norte-americanos, incluindo um adulto em Illinois que morreu após ter sido hospitalizado. Três semanas depois, o número de mortes havia aumentado para oito e o presidente Trump declarou que o cigarro eletrônico deveria ser banido. Deixando de lado o interessante fato de que oito mortes provocaram esse tipo de resposta quando quarenta mil norte-americanos morrerem anualmente de ferimentos de bala e quinhentas mil mortes anuais causadas pelo tabaco não obtiveram qualquer resposta, se a Casa Branca proibisse o cigarro eletrônico, os preços das ações das empresas de tabaco estariam no marasmo para sempre.

Não foi o caso. A partir de fevereiro de 2020, o número de mortes registradas nos Estados Unidos atribuídos ao cigarro eletrônico tinha atingido 68 e o número de doenças e lesões relacionadas ao cigarro foi superior a 2,8 mil, incluindo um transplante duplo de pulmão. Causado pelo cigarro eletrônico.

O cigarro eletrônico é uma forma altamente eficiente para as empresas de tabaco distribuírem uma droga altamente viciante e perigosa. Como explica o dr. Blaha:

> A nicotina é uma substância tóxica. Ela eleva sua pressão arterial e aumenta sua adrenalina, o que aumenta seu ritmo cardíaco e a probabilidade de ter um ataque cardíaco. Muitos usuários de cigarro eletrônico recebem ainda mais nicotina do que receberiam de um produto de tabaco. Você pode comprar cartuchos extrafortes, que têm uma maior concentração de nicotina, ou pode aumentar a voltagem do cigarro eletrônico para obter uma maior quantidade da substância.

É também uma forma lucrativa de fisgar uma nova geração com nicotina. Segundo o CDC, vinte por cento dos alunos do ensino médio dos Estados Unidos já fizeram uso do cigarro eletrônico.

"O que eu acho mais preocupante a respeito da ascensão do cigarro eletrônico é que as pessoas que nunca teriam fumado de outra forma, especialmente os jovens, estão adquirindo o hábito", diz o dr. Blaha. "Uma coisa é você se converter do consumo de cigarro para o cigarro eletrônico. Outra coisa é começar a usar a nicotina com o cigarro eletrônico. E, muitas vezes, leva ao uso de produtos de tabaco tradicionais no caminho."

Com seu discurso de um "futuro sem fumaça", sua mudança para "produtos de tabaco aquecido" e a diversificação de seus negócios para a cannabis e outras indústrias, a indústria do tabaco está se esforçando para distrair a atenção do fato de fabricar produtos viciantes e nocivos que matam oito milhões de pessoas a cada ano. Ela está fazendo o seu melhor para turvar as águas e dar aos investidores motivos para frear as retiradas de investimentos.

A indústria do tabaco emprega mais de um milhão de pessoas no mundo todo, gera mais de dois bilhões de dólares por dia de receitas e alavanca sua enorme montanha de dinheiro para pagar enormes dividendos e tentar o melhor para controlar a opinião da mídia mundial.

A dra. King está sem dúvida do lado dos anjos, mas sua batalha está longe de ter terminado.

Lições sobre a mudança da dra. Bronwyn King

Há muitos aprendizados inestimáveis na história inspiradora e contínua da dra. King. Veja alguns dos principais.

Seja claro sobre o "porquê" e o "o quê"

Quando você acarreta grandes mudanças, quando você se envolve com um novo empreendimento que mudará sua vida de forma dramática e profunda, a primeira coisa a ser feita é ser absolutamente claro sobre o porquê de você estar fazendo isso e qual o seu objetivo. E seja honesto consigo mesmo.

Para Bronwyn, o "porquê" era assustadoramente claro. Uma vez que ela descobriu que, como oncologista dedicada, estava inadvertidamente investindo nos produtos que estavam matando seus pacientes, ela simplesmente teve que agir.

Qual o objetivo dela? "Reduzir significativamente e um dia até mesmo parar o apoio do mundo das finanças à fabricação de tabaco."

E isso é importante. Quando o diretor-geral da Organização Mundial da Saúde ouviu falar da missão de Bronwyn, ele declarou que "financiamento sem tabaco" era "a peça que faltava para o controle mundial do tabaco".

Acredite em si mesmo

É fácil não duvidar de si próprio quando se está fazendo algo que já fez muitas vezes. O difícil é acreditar em si mesmo quando está se aventurando em território desconhecido. Entenda que você vai viajar através da Curva de Mudança do Salto Quântico — e voltar novamente.

Seu entusiasmo será manchado pela dúvida e apreensão, talvez até mesmo por um pouco de medo. Você pode até se encontrar no "ponto do remorso" por um ou dois momentos. Mas, com uma dose saudável de autoconfiança, sua cabeça lhe apresentará todas as razões lógicas pelas quais você consegue fazer o que decidiu, seu coração descobrirá todas as razões emocionais pelas quais você pode e deve fazer isso — e você mergulhará de cabeça na aceitação da mudança.

Nunca desista

"Nem todos os investidores e gestores de fundos que encontro são imediatamente convencidos por minhas explicações e argumentos", admite a dra. King:

> Alguns tentaram adiar decisões ou discussões detalhadas sobre o assunto, dizendo: "Ah, é um pouco cedo" ou "Você pode voltar com mais informações?" Mas tenho visto literalmente dezenas de pessoas passarem de uma posição de resistência inicial, confiantes de que sua posição é razoável, para serem completamente convencidas e ligarem alguns meses depois perguntando: "Existe alguma coisa que eu possa fazer para ajudar a divulgar essa ideia..." Eu nunca ouço "não" como "nunca"; eu ouço como "ainda não".

Seja emotivo, mas respeitoso

Para mudar com sucesso, precisamos aproveitar o poder da emoção, e não importa se somos nós mesmos que estamos tentando mudar ou os outros; isso deve ser feito respeitosamente. Precisa ser feito de uma forma livre de culpas.

Para mudar com sucesso, precisamos aproveitar o poder da emoção.

Como agentes de mudança, nosso trabalho é ajudar a estimular a mudança, porque as pessoas só mudam genuinamente se realmente quiserem. Isso é igualmente verdade para você, pois você é seu melhor agente de mudança.

Como você se comunica é tão importante quanto o que você comunica

Sabendo que o intenso entusiasmo e fervor podem às vezes tirar a atenção da mensagem e até mesmo fazer com que as pessoas endureçam sua resistência, a dra. King tem sido muito cuidadosa com as palavras que usa. Ela não é uma "ativista"; ela é uma "oncologista". Ela tenta se desviar de "lutar contra uma causa" ou estar em uma "cruzada" (palavras que usei inadvertidamente na seção de abertura deste capítulo). As instituições financeiras são "parceiras" em vez de "alvos".

Ela abandona seu ego e se coloca continuamente do mesmo lado que as pessoas que ela está tentando influenciar — porque simplesmente não há nada a se ganhar com o confronto.

> Apresentei a ideia a um fundo que levava a sustentabilidade muito a sério. Eles escolheram sua opção de "investimento sustentável" usando o índice Dow Jones de sustentabilidade — um índice que, apesar de seu nome, ironicamente incluía a British American Tobacco. Quando apontei isso, os membros da diretoria se sentiram enganados. Antes de chegar em casa, recebi um e-mail de seu CEO dizendo: "Emitimos um mandato abrangente para eliminar o tabaco de nossa carteira."

Foi *como* Bronwyn os ajudou a desvendar este fato, sem culpa ou arrogância, que tornou possível sua mudança.

Pergunte-se: "O que poderia dar errado?"

Nenhum plano segue conforme o planejado. Como proclamou o estrategista militar alemão Helmuth von Moltke (1800-1891): "Nenhum plano de batalha sobrevive ao contato com o inimigo." Mike Tyson explicou isso de uma forma mais divertida: "Todo mundo tem um plano até levar um soco na boca."

Cada estratégia, cada mudança, vem com seu próprio conjunto de implicações e consequências. A sua também. A primeira parte da solução é fazer o máximo para explorar antecipadamente quais serão as implicações potenciais. A segunda parte é ser completamente claro sobre o que você está tentando alcançar e suas razões para instigar a mudança, de modo que, quando surgirem consequências invisíveis — e elas surgirão —, você esteja pronto, disposto e capaz de lidar com elas.

CAPÍTULO CATORZE

Retornando à Matriz

O melhor lugar para se esconder é à vista de todos.

EDGAR ALLAN POE[1]

Vamos retornar à nossa Matriz da Mudança para resumir tudo o que discutimos nesta parte (Figura 14.1).

Adaptar: para pequenas mudanças que nos foram impostas, precisamos nos esforçar para aceitar a mudança e colocá-la em perspectiva. Por definição, trata-se de uma pequena mudança. Claro, nós não pedimos por ela, mas não vamos exagerar.

Crescer: para pequenas mudanças que escolhemos. Isso é chamado de desenvolvimento pessoal contínuo; um componente essencial do sucesso em nossa vida pessoal, assim como em nossas muitas carreiras.

Plataforma em Chamas: para grandes mudanças que nos foram impostas, devemos usar todos os nossos recursos para impulsionar a Curva de Mudança de Kübler-Ross, evitando a vitimização, até chegarmos à aceitação — para que estejamos prontos, dispostos e capazes de aceitar as oportunidades que inevitavelmente se apresentarão.

Salto Quântico: para grandes mudanças que escolhemos, precisamos nos preparar, experimentar a Curva de Mudança, aceitar as consequências e executar.

FIGURA 14.1 A Matriz da Mudança

Um vislumbre ofuscante do óbvio

Foi somente quando eu realmente usei a Matriz da Mudança com um cliente que ela me revelou seu segredo escondido — um segredo que estava escondido à vista de todos. Como palestrante principal da conferência do CEO do Bibby Group sobre mudança, eu estava exaltando as virtudes da Matriz a plenos pulmões quando um dos CEOs gritou: "Pare!... Acabei de descobrir por que a maioria de nossos projetos de mudança fracassam", disse ele, olhando para a Matriz da Mudança que estava projetada a três metros de altura na parede da sala de conferências. "É porque nós, líderes, estamos no quadrante do Salto Quântico, mas nossos funcionários estão no quadrante da Plataforma em Chamas."

Este foi um insight brilhante. Para os líderes de mudança que estão instigando a mudança, sua curva de mudança começa com Entusiasmo. Para os seguidores da mudança que estão sendo *submetidos* à mudança, sua curva de mudança começa com Choque.

FIGURA 14.2 Líderes e seguidores habitam diferentes partes da matriz

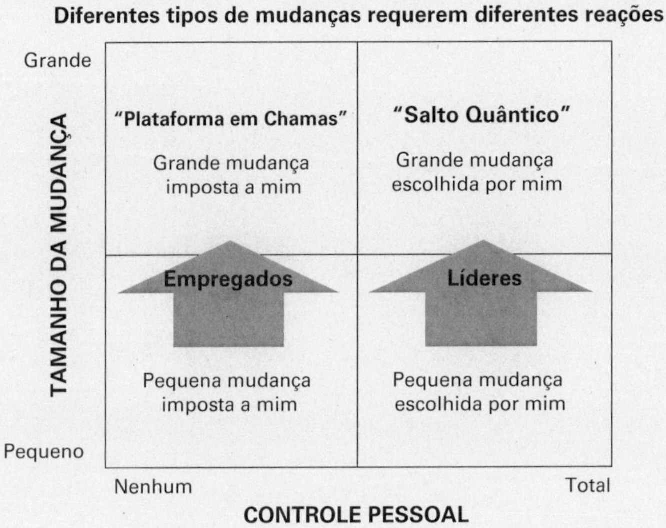

A Matriz da Mudança traz um forte alívio porque quase sempre existe um abismo de entendimento entre os líderes da mudança organizacional e o resto da organização que está sendo encarregada da implementação da mudança. Muitas vezes, os líderes da mudança simplesmente não entendem por que o resto da organização não está tão entusiasmado ou tão empolgado quanto eles. Talvez uma olhada na Matriz de Mudança ajude (Figura 14.2). Essa simples observação pode facilitar a compreensão e a empatia dos

Muitas vezes, os líderes da mudança simplesmente não entendem por que o resto da organização não está tão entusiasmado ou tão empolgado quanto eles.

líderes de mudança com as pessoas que eles estão pedindo para "subir a bordo da mudança".

O objetivo de qualquer líder de mudança deve ser aproximar o máximo possível dessas duas setas, o que requer empatia, comunicação e engajamento genuíno. As pessoas só podem começar com Entusiasmo se tiverem sido envolvidas no planejamento da mudança.

PARTE QUATRO

Superando as barreiras que erguemos para mudar

O mundo odeia mudanças, mas é a única coisa que trouxe progresso.

CHARLES KETTERING[1]

Resistir à mudança é normal. Nossa reação instintiva e irrefletida é resistir a ela. Nossa resistência à mudança é uma das principais razões para o fracasso de 88 por cento das iniciativas de mudança corporativa.

(As outras razões para o fracasso da maioria das mudanças empresariais se resumem fundamentalmente à liderança — falta de clareza de o que e por que estão tentando atingir, má compreensão das implicações da mudança, obsessão com o processo sobre os resultados, complacência, inércia, a síndrome do "fadado ao fracasso", comunicação deficiente e engajamento desonesto das partes interessadas, esquecendo que as emoções triunfam sempre sobre a lógica, uma cultura avessa à mudança e uma liderança que não se mantém no rumo. Detalhes de tudo isso e mais podem ser encontrados em meu livro *The Change Catalyst: Secrets to Successful and Sustainable Business Change.*

Em todos os aspectos da vida, não apenas enquanto estamos no trabalho, erguemos automaticamente nossas próprias barreiras pessoais para mudar. Todos nós o fazemos. Cada uma dessas barreiras é emocional e cada uma delas é completamente normal. Tentamos nos convencer de que são barricadas intransponíveis, mas não são. Elas são meros obstáculos que colocamos em nosso próprio caminho. Barreiras que podemos superar. E, nessa parte, vamos explorar como fazer exatamente isso. Exploraremos como:

- Admitir a **Negação**
- Aproveitar nossas **Emoções**
- Confrontar nossos **Medos**
- Encontrar boas **Tribos**
- Reformular nossa **Identidade**
- Testar nossas **Dúvidas**
- Desprender-se de nossos **Pensamentos Negativos.**

E, por último, daremos uma olhada em como a antiga filosofia e prática da ioga são notavelmente adequadas para nos ajudar em cada uma das situações acima — o que vai de alguma forma explicar como ela se tornou tão popular nestes tempos de rápidas mudanças.

O primeiro passo para desmantelar as barreiras que erguemos para mudar é o reconhecimento de sua própria existência. Entretanto, devemos fazer isso sem juízos de valor. Temos que nos manter separados. Precisamos observar o fato de que nossas emoções ou medos podem estar nos retardando — mas sem nos repreender por isso. Precisamos desenvolver a habilidade de observação de nós mesmos. Observar como reagimos à mudança; observar-nos progredindo através da curva de mudança, sem críticas ou julgamentos. Esse desapego nos permitirá então fazer algo a respeito.

Também precisamos nos tratar da forma como trataríamos os outros se estivéssemos ajudando-os a mudar com compreensão. O escárnio e a crítica a si mesmo por erguer uma barreira contra a mudança só aprofundará sua determinação e fortalecerá a barricada psicológica autofabricada.

Bons líderes de mudança são empáticos; eles são capazes de se colocar no lugar de seus funcionários; olhar para as coisas a partir de sua perspectiva. Os melhores líderes de mudança ajudam seus funcionários a querer mudar.

Precisamos ser nossos próprios líderes de mudança. Para nos ajudar a minimizar e superar uma barreira contra a mudança, precisamos nos tratar com empatia e compreensão. Ser mais brandos conosco. Dar um tempo a nós mesmos. Observar nossas reações e procurar entender de onde elas vieram — e por quê. Novamente, sem julgamento.

Uma vez que tenhamos feito isso, podemos olhar para essas supostas barreiras sob uma nova luz, pois estaremos no estado de espírito certo para superá-las.

CAPÍTULO QUINZE

Admitindo a negação

A negação não resolve o problema. A negação não faz com que o problema desapareça. A negação não nos dá paz de espírito, que é o que realmente buscamos quando nos envolvemos nisso.
A negação é uma mentira. Ela compõe o problema, porque nos impede de ver uma solução e de tomar medidas para resolvê-lo.

BILL KORTENBACH[1]

Negação

A negação é um obstáculo tão forte à mudança que merece seu próprio capítulo. Como discutimos na última parte, é também uma reação natural e comum quando a mudança nos é imposta. Mas às vezes também ocupamos esse espaço por muito tempo. A necessidade de mudança está nos encarando de frente; o futuro está se aproximando e podemos vê-lo chegar, mas simplesmente não queremos enfrentá-lo. É muito desconfortável. É muito real. É muito difícil. Portanto, nos iludimos.

Às vezes é mais fácil ser um avestruz.

Francamente, às vezes é mais fácil ser um avestruz.

Todos nós já fizemos isso e todos nós vimos outras pessoas fazendo. É algo que nos deixa atônitos, improdutivos, machucados... e é completamente normal.

A negação é um traço comum quando se trata de vícios, casamentos fracassados e relacionamentos abusivos. Um parceiro prefere negar provas de infidelidade em vez de confrontá-las. Uma esposa abusada se agarra à crença de que "ele é um bom homem que me ama de verdade". Os obesos podem estar negando que seu peso os está prejudicando ou que eles podem fazer alguma coisa a respeito.

A Síndrome de Estocolmo é uma forma extrema de negação, em que uma vítima de sequestro começa a formar uma estreita afinidade com seus raptores, em completa negação da situação em que ela se encontra.

Podemos até mesmo estar em negação de nossas próprias condições médicas. Uma senhora adorável que conheço com um histórico de pressão alta estava em um estado tão forte de negação que se recusou a usar o kit de teste de pressão arterial que o médico lhe havia dado porque ela "estava bem". Quando lhe perguntaram se ela estava usando-o, sua resposta foi: "Ah, pare de se preocupar!" Ela nem sequer foi ao médico para fazer checkups regulares porque não queria incomodá-lo. "Não quero desperdiçar seu tempo quando poderia ser usado para pessoas que estão realmente doentes." Mesmo após o inevitável derrame, ela pediu desculpas aos oficiais da ambulância por incomodá-los. "Sinto-me como uma fraude", ela dizia enquanto eles a levavam em uma maca para a ambulância que a esperava. (A boa notícia é que, dois anos depois, ela se recuperou totalmente e, supostamente, testa sua pressão sanguínea várias vezes por semana).

Eu conheço um jovem que está para além da obesidade clínica. Ele está na casa dos trinta e poucos anos e é pouco provável que trabalhe outro dia em sua vida (provavelmente encurtada). Ele não sofreu nenhum dano físico. Ele foi legalmente considerado incapaz somente por conta de seu peso. Por que ele é tão obeso? Bem, logicamente, isso é fácil. Ele come demais, especialmente muito açúcar e alimentos processados. Ele consome muitas bebidas açucaradas e muito álcool. Na verdade, ele mostra todos os sinais de ser um alcoólatra. E ele não faz exercícios. As repercussões de sua obesidade? Seu corpo está em colapso, seus órgãos internos estão no limite, suas pernas e joelhos não suportam a tensão e ele agora é muito diabético. Ele está desempregado, sem esperança e transmite toda a aparência de alguém que desistiu de si mesmo. Ele está em negação sobre sua dieta; em negação sobre beber demais; em negação sobre seu estilo de vida; e em negação de que ele pode fazer alguma coisa a respeito. Certamente, não se pode ter algo mais "Plataforma em Chamas" para mudanças do que isso! No entanto, ele não possui a capacidade ou a motivação para mudar. Para ele, essa primeira barreira de mudança é insuperável e, sem superar sua negação, ele é incapaz de ver toda a transformação até sua conclusão mais magra, mais saudável e mais feliz.

Logicamente, esse jovem preferiria ser saudável, empregado e ter uma vida mais longa. Mas, como discutiremos na próxima seção, mesmo quando a situação é terrível, a lógica é insuficiente. A lógica não o vai corrigir. As barreiras psicológicas profundamente enraizadas o impedem de salvar sua própria vida. Falta a ele a motivação emocional para mudar.

Mas, é claro, a negação também ocorre de formas menos dramáticas — todos nós sofremos com isso diariamente. Nós nos iludimos, dizendo que já estudamos o suficiente para ir bem em um exame. Negamos que nossos gastos com cartão de crédito tenham ficado fora de controle. Acreditamos, sem provas, que merecemos a promoção que perdemos ou o novo contrato que não ganhamos.

Às vezes, nossa negação é bem intencionada. Não queremos insultar nosso parceiro; queremos proteger nossos entes queridos. Mas, no final, só não queremos encarar a verdade porque ela pode ser confusa e às vezes muito difícil de lidar. É claro que, na maioria das vezes, quanto mais tempo negamos a verdade, mais difícil é aceitá-la. Eu digo a meus clientes corporativos que, quando se trata de mudança, ou você tem que pagar agora ou mais tarde — e sempre custa muito mais quando você paga mais tarde. O mesmo vale para todos nós.

Admitindo a negação

Admitir que você está em um estado de negação é um primeiro passo realmente difícil, mas essencial, para passar por ele. Reconhecer que você tem se iludido é excessivamente difícil. Todos nós nos enganamos de vez em quando; é um mecanismo normal de proteção humana. Mas nenhum de nós gosta de ouvir isso, mesmo de nós mesmos. Experimente: diga a si mesmo que você está em estado de negação e observe o que acontece. Observe como você inicialmente resiste a essa crítica; como você nega seu próprio estado de negação. Mas só de ter observado isso, você terá plantado uma semente. Deixe-a crescer. Quando você estiver pronto, verá o mundo como ele é. Mas lembre-se de que a negação é um estado de inércia muito poderoso. A maioria dos políticos nunca se recupera dele — muito provavelmente porque, para se recuperar de um estado de negação, é preciso primeiro admitir que você estava errado. Isso requer colocar seu ego de lado.

Mas, uma vez que o admitamos, podemos começar a olhar para o mundo de novo. Se sua imagem anterior do que estava acontecendo não era real — o que é?

CAPÍTULO DEZESSEIS

Aproveitando nossas emoções

Emoções podem tirar ou colocar você no caminho.

MAVIS MAZHURA[1]

Emoções

Nossas emoções são uma barreira incrivelmente forte à mudança. Elas afetam nossas decisões no melhor dos momentos, mas, quando estamos passando por grandes mudanças, elas podem nos dominar. A maneira de diminuir seu impacto é observá-las.

Os primeiros cinco passos da Curva de Mudança da Plataforma em Chamas que discutimos na parte anterior — do Choque e Negação até a Raiva, Medo e Depressão — são todos emocionais. A lógica começa a entrar em ação somente depois da compreensão. Mas a lógica não é suficiente, pois a emoção retorna rapidamente quando nosso coração se envolve na fase de Aceitação.

A emoção é quatro vezes mais poderosa do que a lógica. Esse fato surpreendente foi a conclusão de um estudo realizado em 2004 com cerca de cinquenta mil funcionários pelo Conselho de Liderança

Corporativa, nos EUA.[2] Ele concluiu que, quando se trata de engajar funcionários, o compromisso emocional é quatro vezes mais poderoso do que o compromisso racional. O poder de suas emoções não deve ser subestimado.

Uma mudança de status pode desencadear uma resistência à mudança

Uma mudança que muitos de meus amigos e colegas estão tendo que enfrentar no momento é a saída dos filhos de casa. Essa mudança ocorre todos os anos em inúmeros lares em nossas nações. É uma mudança na estrutura usual da família e pode desencadear um anseio por deixar as coisas como eram. Para muitos de nós, é também uma mudança de status. Um elemento significativo de nossa identidade como pais acaba de mudar, profundamente, para sempre. Para a maioria das mães, mas também para alguns pais, não é apenas uma mudança, mas uma perda de status que pode parecer devastadora. O fato de ocorrer frequentemente ao mesmo tempo em que a montanha-russa emocional e física conhecida como menopausa serve apenas para aumentar a sensação de perda. Durante duas décadas, seu status de mãe das crianças tem sido claro. E então, um dia, o ninho está vazio.

Apesar de esse tipo de perda de status possivelmente nos deixar tristes, a perda de status no trabalho também pode nos deixar irritados. Uma reestruturação organizacional em que acabamos nos reportando a outra pessoa ou nossa responsabilidade é diminuída pode até mesmo nos empurrar para o abatimento.

Precisamos ser tratados de forma justa

Se sentirmos que fomos tratados injustamente, ficamos com raiva e resistimos à mudança. Nós, humanos, precisamos acreditar que fomos tratados com justiça em relação aos outros, que outro grupo não foi favorecido de alguma forma. Essa é uma forte resistência a aceitar a mudança. O que significa que também pode ser um forte motivador para a mudança! Um exemplo óbvio nos vem à mente, um que afetou gravemente tanto os Estados Unidos quanto o Reino Unido.

Depois de décadas sendo ignorados por políticos de todas as convicções, os milhões de pessoas que haviam sido abandonadas pela globalização descobriram então que estavam sendo forçados a pagar o preço pela arrogância e ganância da indústria bancária durante a crise de crédito de 2007-2008. Eles pagaram pelo colapso bancário sob a forma de salários mais baixos, desemprego, subemprego, perda de moradia e padrões de vida mais baixos. Durante a década após a recessão, a desigualdade entre os primeiros um por cento e os últimos cinquenta por cento aumentou ainda mais à medida que as bolsas de valores dobraram seus ganhos e os bônus dos banqueiros foram retomados como resultado do truque financeiro conhecido como flexibilização quantitativa.

A injustiça inerente foi uma das principais causas tanto da eleição de Trump quanto do Brexit. Os eleitores estavam com raiva. Eles tinham sido abandonados e parecia que os políticos tradicionais simplesmente não se importavam.

Às vezes, nossas emoções são tão poderosas que podem ser avassaladoras.

Quando ficamos presos em um desses estados emocionais, podemos ficar reclusos por nossas emoções e achar que é extremamente difícil mudar. Às vezes, nossas emoções são tão poderosas que podem ser avassaladoras. E, quando se trata de mudanças significativas, muitas vezes elas serão. Todos nós já passamos por isso. O choque pode nos deixar atordoados, incapazes de falar ou de se mover. Parece que o tempo está lento. Nossa pressão sanguínea diminui. Pode ser como se estivéssemos tendo uma experiência extracorpórea. Nossas emoções não apenas regem nossas decisões, elas também podem controlar nosso corpo. Quando isso acontece, precisamos de ajuda — seja de dentro ou de alguém que possa nos ajudar a entender o que está acontecendo, avise-nos que é normal e nos ajude a vê-las como elas realmente são.

A superação de estados emocionais não pode ser feita nadando contra a maré. Quando você é pego no que os australianos chamam de "*rip*" (ou seja, uma poderosa corrente marítima que pode te arrastar para dentro do mar, comum a muitas praias de surfe), você precisa nadar de lado seguindo o fluxo. Aceite que você está sendo arrastado, mas saiba que, se você nadar perpendicularmente ao fluxo da água, você eventualmente sairá do *rip*. Muitas pessoas que nadam contra o *rip* acabam exaustas e sobrecarregadas pela força da corrente oceânica. Se não forem resgatadas a tempo, elas se afogam.

Como aproveitar nossas emoções

Primeiro, observe-as

A primeira coisa a fazer é reconhecê-las pelo que elas são — reações emocionais à mudança que são completamente normais e completamente compreensíveis. Reserve algum tempo para simplesmente observá-las. A própria natureza de fazer isso proporcionará algum espaço, alguma distância entre você e as emoções que você está observando. Você não pode ser definido por elas, elas não são você; são coisas completamente separadas. Medo não define você. Raiva não define você, nem a Depressão. Elas são simplesmente emoções. Observe-as com curiosidade e sem julgamento.

É claro que você está experimentando medo — você não seria humano se não estivesse preocupado com as implicações da mudança. É claro que você está sentindo raiva — é uma reação natural ao que aconteceu com você. É claro que você está sentindo pena de si mesmo e até mesmo um pouco deprimido. Todas estas são reações normais. Mas saiba também que o próximo passo será para cima. Compreender é olhar para o horizonte. Ajude-se a se preparar para emergir da Curva de Mudança simplesmente observando suas emoções, sem julgar e sem reagir a elas.

Professores de atenção plena de todo o mundo recomendam uma pequena mnemônica simples, mas brilhante —Deepak Chopra atribui sua origem ao atual Dalai Lama:

STOP.

Pare (***S**top*). Respire fundo (***T**ake a breath*). Observe (***O**bserve*). Prossiga (***P**roceed*).

Quando confrontados por qualquer coisa que percebemos como negativa ou desafiadora, ele sugere que reservarmos tempo e espaço para simplesmente observar fará um mundo de diferença.

Muitas vezes, as coisas não são tão ruins quanto parecem ou entendemos mal a situação. Nossas emoções podem nos transformar em pistoleiros — atirando primeiro e fazendo perguntas depois — quando precisamos fazer exatamente o oposto. Pare, respire fundo e observe antes de prosseguir.

Da próxima vez que eu receber um e-mail ou um tweet que me deixe lívido, tentarei me lembrar dessa pequena e simples técnica — antes de agir como um pistoleiro atirando sem critério!

Então, encontre seus próprios gatilhos emocionais

Você foi submetido a mudanças. Não espere que outra pessoa ajude — pode não ser possível. É hora de se tornar seu próprio terapeuta, o que significa aproveitar suas emoções para se motivar.

A fim de estar pronto para elaborar o melhor curso dos eventos que você deve seguir, dada a "bola curva da mudança" que foi lançada em seu caminho, você precisará primeiro se engajar emocionalmente — para se empolgar genuinamente com a mudança. Se nossa empolgação para o futuro for genuína, temos uma grande chance de fazê-la acontecer. Se nosso coração não estiver nele, sem chance.

Você se conhece melhor do que ninguém.

Você sabe como reage, quais emoções vêm à tona, quando e por quê. Você sabe quais emoções o motivam. Quando se trata de mudanças que lhe foram feitas, você sabe exatamente como gostaria que a outra parte o tivesse feito sentir. Quando se trata de mudanças no trabalho, você sabe o que gostaria que os líderes tivessem feito, como eles deveriam ter se comportado e a assistência que deveriam ter prestado. Portanto, agora cabe a você fazer isso sem eles.

O que o deixa nervoso? O que o deixa entusiasmado com o futuro? O que o faz se sentir bem consigo mesmo? É hora de colocar *você* no sofá do terapeuta; é hora de psicanalisar a si mesmo. Você precisa descobrir o que precisa ser feito para colocar suas melhores emoções em jogo.

Naturalmente, é quase certo que você será quase seu pior crítico, portanto o que quer que decida fazer deve ser genuíno. Uma atitude mental positiva não é suficiente. Poucos de nós são narcisistas o suficiente para sermos capazes de nos enganar — bem, pelo menos por muito tempo. Mais do que qualquer outra pessoa viva, sabemos bem no fundo quando estamos nos enganando — e dessa vez isso não vai funcionar.

Você fez seu dever de casa, agora é hora de se engajar emocionalmente. Está na hora de escolher sua atitude.

E, finalmente, escolha sua atitude

Se você não gosta de algo, mude isso.
Se você não pode mudar, mude sua atitude.

MAYA ANGELOU[3]

Há uma solução de atendimento ao cliente chamada "Fish!", altamente divertida, sedutora e ao mesmo tempo muito simples, apresentada a mim há muitos anos por um jovem diretor de atendimento ao cliente. Ela também funciona como uma grande peça de autopsicoterapia.

O que mais amo no Fish! é o simples mantra de "Escolha sua atitude".

Fish! é a história de uma banca de peixes em Seattle que vende mais do que qualquer outra banca em quilômetros de distância. Eles vendiam o mesmo peixe que todos os outros. Eles estavam no mesmo local que todos os outros. A única diferença é que seus funcionários decidiram que eles estavam no negócio de diversão do cliente. Como explica um dos vendedores de peixe — ele se levanta todas as manhãs e pede a si mesmo para "escolher sua atitude". Ele pode escolher entre deixar a vida colocá-lo para baixo ou pode escolher pular da cama e fazer com que cada experiência do cliente seja memorável.

O segredo de seu sucesso é simples assim: escolha sua atitude. Procure-os no YouTube ou acesse www.fishphilosophy.com.

Os quatro simples pilares da Fish Philosophy são:

Esteja presente: esteja emocionalmente presente para as pessoas. É uma poderosa mensagem de respeito que melhora a comunicação e fortalece as relações.

Brinque: encontre sua maneira natural de ser criativo, entusiasmado e se divertir. Brincar é o espírito que move a mente curiosa, como em "Vamos brincar com essa ideia!". Você pode trazer essa mentalidade para tudo o que faz.

Faça o dia deles valer a pena: encontre maneiras simples de servir ou encantar as pessoas de uma maneira significativa e memorável. Trata-se de contribuir para a vida de outra pessoa — não porque você quer algo, mas porque é a pessoa que você quer ser.

Escolha sua atitude: assuma a responsabilidade de como você responder ao que a vida lhe lança. Sua escolha afeta outros. Pergunte-se "Minha atitude está ajudando minha equipe? Está ajudando meus clientes? Está me ajudando? Está me ajudando a ser a pessoa que eu quero ser?"

Eu acho que o Fish! É fabuloso.

É exatamente a mesma coisa quando se trata de mudança. Podemos escolher como reagir. Podemos ficar com raiva, chafurdar em negação, sucumbir ao medo e cair em depressão — ou podemos escolher nossa atitude e começar a assumir o controle.

Muitas vezes, pensamos que somos impotentes quando se trata de mudanças inesperadas. Nós não somos.

No mínimo, podemos escolher nossa atitude, um ato simples que nos colocará instantaneamente no assento do motorista, firmes.

Muitas vezes, pensamos que somos impotentes quando se trata de mudanças inesperadas. Nós não somos.

CAPÍTULO DEZESSETE

Confrontando nossos medos

Nada na vida deve ser temido, somente compreendido.
Agora é hora de compreender mais para temer menos.

MARIE CURIE[1]

Medo

Medo significa falsas evidências que parecem reais. É a mais terrível das emoções que experimentamos quando se trata de mudança. Em sua forma extrema, ele pode ser literalmente paralisante.

O medo é um mecanismo de sobrevivência evolutivo. É uma ansiedade acrescida sobre o que pensamos que pode acontecer no futuro. O medo de cobras é, em última instância, o medo de ser mordido por uma. O medo de crocodilos é, em última instância, o medo de ser devorado por um. Não tenho medo de alturas; tenho medo de cair de uma grande altura. Não temos medo de criticar nosso chefe *per se*, temos medo das consequências de criticar nosso chefe. Em um sentido muito real, todo medo é um medo do futuro.

Ter medo do futuro pode fazer com que as pessoas antecipem coisas ruins e exagerem tanto sua probabilidade quanto sua importância. Como disse Rosabeth Moss Kanter, professora da Harvard Business School, na *Harvard Business Review*, em setembro de 2012: "As pessoas muitas vezes preferem ficar atoladas na miséria do que ir em direção ao desconhecido."[2]

A antecipação da ocorrência de algo ruim nos deixa muito mais ansiosos do que a certeza de que isso vai acontecer. Esse fenômeno foi destacado na Universidade de Maastricht em uma experiência bem conhecida que envolveu a submissão de estudantes voluntários a uma sucessão de vinte choques elétricos. Metade deles foram prevenidos de que receberiam vinte choques elétricos intensos. A outra metade foi avisada que receberiam dezessete choques leves e três choques intensos, mas eles não sabiam quando os choques intensos ocorreriam. Os do grupo dois transpiraram profusamente e seus batimentos cardíacos eram muito mais altos do que os do grupo um.

O medo do futuro pode ser desencadeado por uma perda de certeza. Estar em risco de demissão é uma versão óbvia dessa perda em particular. Ela pode desencadear um medo de perda de status, perda de identidade e/ou um medo de insegurança financeira. A partir do momento em que você recebe aquela carta clínica desajeitada, uma sensação de frio e rombo começa no fundo do seu estômago e não para até que alguma forma de certeza tenha sido restaurada. Mas a "perda da certeza" também pode ser mais percepção do que realidade. A percepção de uma mudança no humor de um parceiro também pode desencadear sentimentos de incerteza sobre o relacionamento, incerteza sobre o futuro, mesmo quando nada tangível tiver sido dito ou feito.

Mas, embora todo medo possa ser de fato uma forma de "medo do futuro", ele é obviamente uma hidra com várias cabeças, mas as três principais "cabeças" de medo que são mais pertinentes ao mundo da mudança são:

- Medo do fracasso (e seu primo mais estranho, o medo do sucesso)
- Medo da culpa

- Medo do desconhecido.
- Vamos discutir cada um deles em mais detalhes...

Medo nº 1: medo do fracasso

O fracasso raramente o detém. O que o detém é o medo do fracasso.

JACK LEMMON[3]

O medo do fracasso, ou "atiquifobia", para dar-lhe seu nome formal, é uma das mais fortes fontes de resistência à mudança. Nos negócios e na vida, nós humanos ficamos petrificados com o fracasso.

A atiquifobia pode até se manifestar fisicamente — falta de ar, ritmo cardíaco acelerado, aperto no peito, tonturas, indigestão... assim como qualquer forma de ansiedade ou estresse pode nos afetar.

Às vezes, podemos ter tanto medo do fracasso que sentimos que é melhor não tentar. Podemos acabar nos prejudicando tanto que provocamos o próprio fracasso que tanto nos desesperamos para evitar.

É por isso que a maioria das pessoas não abandona seu emprego e compra aquele bar nas Bahamas. Isso nos mantém em um emprego que odiamos; em um relacionamento sem amor.

> Às vezes, podemos ter tanto medo do fracasso que sentimos que é melhor não tentar.

Preocupa-nos que não tenhamos as habilidades para competir no novo mundo — e que não tenhamos a aptidão para desenvolvê-las.

Precisamos aprender a lutar pela excelência, mas esperar fracassos ao longo do caminho. Os indivíduos que constantemente temem o fracasso tendem a estabelecer metas que são muito altas ou muito baixas e se tornam facilmente desencorajados por obstáculos.

MEDO DO SUCESSO?

Às vezes, o medo do fracasso é disfarçado de seu primo mais estranho e mais inesperado — o medo do sucesso. Para alguns de nós, o pensamento do sucesso pode ser igualmente assustador. E se eu for bem-sucedido? Como fica a história que tenho contado a mim mesmo durante todos esses anos? Que mudanças disruptivas o sucesso causaria? Quais são as consequências não intencionais do sucesso?

Para mim, esse é apenas o lado oposto da mesma moeda. Eu classifico ambos como medo do fracasso — pois o medo-chave do sucesso é realmente um medo de que o fracasso futuro seja ainda mais dramático. Os bem-sucedidos costumam cair de lugares mais altos.

O medo do fracasso é uma barreira genuína e comum à mudança. Mas é também uma barreira que devemos trabalhar para superar — ou nunca tentaremos mudar nada.

SUPERANDO O MEDO DO FRACASSO

Esqueça as consequências do fracasso. O fracasso é apenas uma mudança temporária de direção para que você possa ter seu próximo sucesso.

DENIS WAITLEY[4]

Todos nós sofremos com o medo de fracassar. Os atores sofrem com isso antes de cada apresentação — eles o chamam de medo de palco. Todos nós sentimos o estômago revirar antes de entrevistas, discursos e apresentações. Isso é normal e natural. O truque é não deixar que esse medo se torne grande a ponto de paralisá-lo.

Uma maneira de fazer isso é colocar a mudança em perspectiva. Banque o advogado do diabo. E qual seria o problema se não desse certo? Do que eu tenho medo? Qual é a pior coisa que poderia acontecer? Essas perguntas podem ajudar a aliviar o medo.

Outra dica é dar um passo de cada vez para o futuro. Há uma razão pela qual os esportistas costumam dizer que jogam "uma partida de cada vez". Isso divide as ações em partes controláveis, em pequenos tamanhos, e mantém o medo do fracasso à distância.

Em terceiro lugar, não vise a perfeição.

Fiz um discurso em uma conferência internacional há alguns anos e fiquei petrificado. Era tão importante para mim fazer uma ótima apresentação que o pensamento de não ser absolutamente perfeito era literalmente insuportável. Levei meu roteiro comigo até a palestra para que eu não perdesse nada e me voltei a ele demasiadas vezes durante a palestra. Quando me sentei depois, eu queria que o mundo me engolisse. "Foi ótimo!", disse a organizadora ao meu lado. "Achei que foi o pior discurso que já fiz", murmurei. "Bem", disse ela, voltando-se para mim. "Só você e eu sabemos que você pode fazer ainda melhor do que foi. E todos os outros acharam que foi brilhante." Levantei os olhos e vi que uma fila de rostos sorridentes tinha se formado atrás de mim, querendo que eu assinasse cópias de *The Change Catalyst*. Parece que afinal o discurso foi um sucesso, mas eu estava muito concentrado em uma busca fútil pela perfeição para perceber isso. Da próxima vez que fiz aquele discurso, deixei o roteiro na minha pasta e falei do coração. Deixei várias partes de fora, mas o resultado foi incomensuravelmente melhor.

E dessa vez até eu sabia disso.

ACEITANDO O FRACASSO

Talvez a melhor maneira de superar o medo do fracasso seja aceitá-lo.

A incansável fundadora da Spanx, Sara Blakely, iniciou seu novo negócio de meias em seu apartamento em 2000 fazendo meias-calças sem dedos dos pés que não enrolavam na perna. Usando cinco mil dólares economizados e uma quantidade incrível de determinação, Sara fundou uma empresa que vale mais de um bilhão de dólares.

Ela gosta de descrever como desde muito cedo seu pai costumava convidar a ela e a seu irmão a compartilharem seus fracassos na mesa de jantar da família, enquanto jantavam. Em vez de ficar desapontado ou chateado, ele comemorava seus esforços.

"O que ele fez foi reformular minha definição de fracasso", disse Blakely sobre a tradição. "O fracasso para mim tornou-se não tentar."[5]

"Sempre que algo não corria como eu havia planejado, meu pai me encorajava a escrever onde estavam as surpresas e o que eu havia ganhado com a experiência", disse ela. "Comecei a perceber que em tudo havia uma pepita incrível que eu não gostaria de deixar passar."

Sara Blakely é uma das empreendedoras mais bem-sucedidas do mundo e requisitada como palestrante principal em todo o mundo. Sua fortuna foi construída aceitando e aprendendo com o fracasso.

Medo nº 2: medo da culpa

O desejo de culpar é baseado no medo de ser culpado.

DAVID STONE[6]

O medo de ser culpado é uma fonte comum de resistência às mudanças no local de trabalho. Se somos responsáveis por certa maneira de fazer as coisas durante alguns anos, tememos que aceitar uma nova forma de trabalho possa ser o mesmo que admitir que estivemos errados todo esse tempo. Temos medo de ser rotulados como incompetentes por não termos mudado antes.

> Tememos que aceitar uma nova forma de trabalho possa ser o mesmo que admitir que estivemos errados todo esse tempo.

Sejamos realistas: nenhum de nós gosta que nos digam que estamos fazendo um trabalho ruim — ou que poderíamos estar fazendo um trabalho melhor, ou que nos tornamos acomodados. Com toda razão, tememos as consequências de uma revelação como essa.

A liderança pode falar de "melhoria contínua" e "inovação", mas o que acontece se eu não vejo uma maneira de melhorar o processo pelo qual sou responsável? O que acontece se eu não estiver propenso a insights inovadores? Posso lhe dizer o que acontecerá — serei culpado por aceitar o atual estado das coisas. Eu me tornarei o problema.

Ninguém quer isso.

É fácil identificar alguém que sofre do medo de ser culpado, pois ele parte imediatamente ao ataque. Quando confrontados por novas ideias, eles atacarão a pessoa que sugerir as mudanças — direta e indiretamente. Eles tenderão a "marcar o homem e não a bola", para usar uma analogia esportiva; esforçando-se para desacreditar o prenúncio da mudança como sendo inexperiente, indevidamente influenciado por pessoas mal-intencionadas ou influenciadas por pessoas que não sabem do que estão falando. A experiência, competência e julgamento daqueles que sugerem as mudanças serão postos em questão. Assim como suas ideias. "Estudamos isso há anos" é uma frase frequentemente ouvida de alguém que sofre de medo de ser culpado.

ESTUDO DE CASO: "A PRÁTICA DO BRILHO DA LUZ"

O Mosteiro Budista Plum Village tem uma maneira única de incentivar seus monges a aceitarem a responsabilidade e dar feedback aos seus pares. Como mencionei em *The Change Catalyst*, a cada monge é pedido que "ilumine sua mente sobre uma situação":[7]

> Pelo menos uma vez por ano, cada monge se ajoelha diante de seus irmãos e lhes pede que o iluminem, ou seja, que lhe digam como o veem, que se expressem sobre seu corpo, seus sentimentos, suas percepções, seus pontos fortes e fracos. Seus irmãos se reúnem para dar-lhe os conselhos de que necessita. Depois de ter recebido as recomendações de seus irmãos, o monge se prostra profundamente diante deles três vezes em agradecimento, e nos dias seguintes ele tenta praticar à luz das recomendações deles.
>
> Esse tipo de carta de amor de sua Sanga (a comunidade monástica budista) pode ajudá-lo a ver claramente o que você deve ou não fazer; e você pode fazer a mesma coisa com sua família, seus pais ou seu parceiro. Você tem uma necessidade de iluminação e a outra pessoa também tem. Então você pode dizer a eles: "Meu querido, você deve me ajudar. Eu tenho meus pontos fortes e fracos e quero que você me ajude a vê-los com mais clareza. Tenho dentro de mim sementes positivas, como esperança, compreensão, compaixão e alegria, e tento regá-las todos os dias. Gostaria que você reconhecesse a presença dessas sementes em mim e que tentasse regá-las várias vezes ao dia também. Isso será um prazer para mim, e, se eu desabrochar como uma flor, será um prazer para você, também.

> De minha parte, prometo que farei o meu melhor para reconhecer e regar as sementes positivas em você, e as aprecio muito. Sempre que as sementes se manifestam, fico muito feliz, porque em tais momentos você é maravilhoso. Você é tão cheio de amor e alegria que eu prometo regar essas sementes em você todos os dias. Vejo também que há sementes de sofrimento em você, e farei todo o esforço para não as regar. Dessa forma, também não te farei sofrer.

Você consegue imaginar seus líderes no trabalho fazendo isso? Humildemente atirando-se à mercê de seus pares e esperando, sem nenhuma lógica, que isso acabaria bem?

Mas imagine os benefícios se eles o fizessem! Os mal-entendidos que seriam dissipados; a clareza que se seguiria; todos aqueles "elefantes na sala" que se tornariam visíveis; o trabalho de equipe que começaria a surgir com base na humildade, compreensão profunda e objetivos compartilhados.

Ok. Vamos voltar ao mundo real.

VENCENDO O MEDO DA CULPA: TORNANDO-SE PARTE DA SOLUÇÃO

Ou você faz parte da solução, ou você faz parte do problema.

ELDRIDGE CLEAVER[8]

Se a razão pela qual você está resistindo às mudanças é porque você tem medo de ser culpado pela maneira como as coisas são feitas atualmente — parabéns! Perceber isso é seu primeiro passo para um futuro melhor.

O próximo passo é aceitar abertamente as novas sugestões. Em vez de se concentrar na maneira como você pode persuadir a todos de que a mudança sugerida está errada, concorde que há espaço para melhorias, ajude a pessoa que sugere a mudança a se concentrar nos resultados que está tentando alcançar e siga a partir daí. Acredite que o agente de mudança em questão está vindo de um bom lugar — para fazer com que o negócio funcione melhor. Eles não terão todas as respostas, nem

> Fique acima de qualquer crítica, pois ela pode até nem existir.

têm sua experiência. Eles precisam de sua ajuda. Dê a eles. Juntos, vocês realmente poderiam fazer a diferença.

Em outras palavras, fique acima de qualquer crítica, pois ela pode até nem existir. Você é maior do que isso. Ninguém espera que você seja perfeito, tampouco esperam que você tenha todas as respostas. Mas eles devem esperar que você procure continuamente por melhorias na maneira como faz as coisas. Não seja um sabotador. Seja parte da solução — de bom grado. Porque, se você não é parte da solução... bem, você é parte do problema. Se você resiste ativamente à mudança, é assim que os outros o verão.

É pouco provável que isso termine bem.

Medo nº 3: medo do desconhecido

A emoção mais antiga e mais forte da humanidade é o medo, e o tipo mais antigo e mais forte de medo é o medo do desconhecido.

H. P. LOVECRAFT[9]

O medo do desconhecido é tão importante e tão prevalente que muitos psicólogos o declaram como sendo "o medo fundamental" que está por trás da ansiedade e da neurose.

Ele é, por definição, uma ameaça incerta. Mas é mais do que simplesmente se preocupar com algo que não aconteceu ou que pode não acontecer. É literalmente o medo de algo que não sabemos; o medo de algo que não entendemos ou de algo que pode nem mesmo acontecer. É imprevisível em seu momento, intensidade, frequência ou duração e provoca um sentimento generalizado de apreensão e hipervigilância.

Em um nível, pode ser o que os psicólogos chamam de "ansiedade antecipada". A ansiedade sobre a dor pendente às vezes pode ser mais dolorosa do que a dor real.

No próximo nível, pode se manifestar como uma ansiedade de que algo ruim possa acontecer. Essa ansiedade pode ser física, causando falta de ar, uma sensação de estar preso e um batimento cardíaco acelerado ao pensarmos e repetirmos os piores cenários em nossa cabeça.

Estamos vivenciando o evento ruim e ainda nem sabemos se ele vai ocorrer. Claro que, 99 por cento das vezes, isso não acontece. Como meu pai disse uma vez: “Não me diga que se preocupar não ajuda. Tudo com o que me preocupo não acontece!”

Em seu extremo, esse medo pode levar a uma ansiedade em relação a coisas que nem podemos imaginar. São as “incógnitas desconhecidas” com as quais esses sofredores extremos se preocupam.

Mas é na forma mais suave desse medo que devemos nos concentrar aqui — o medo das “incógnitas conhecidas”. É o medo do que está por vir, especialmente quando estamos embarcando em algo novo. É o medo do tipo de pessoas que podemos encontrar na nova vizinhança. É o medo de começar seu próprio negócio quando você não tem ideia de como! É o medo de entrar na nova equipe de trabalho. Ele está alinhado ao medo do fracasso, mas é diferente. Podemos superar nosso medo do desconhecido — e ainda nos preocupamos com a possibilidade de fracasso no novo mundo.

O medo do desconhecido é um fenômeno que tende a aumentar com a idade. As crianças absorvem a nova tecnologia sem nenhum problema. Adolescentes de nossas nações são os primeiros a serem solicitados a “consertar a TV” ou a “fazer algo a respeito do wi-fi”. Os mais velhos, em sua maioria, tendem a ter mais medo do desconhecido — da nova tecnologia à mudança social para os estrangeiros.

É também uma resposta evolucionária embutida. Para fins de sobrevivência, é difícil estarmos atentos ao que não sabemos ou não entendemos.

Para fins de sobrevivência, é difícil estarmos atentos ao que não sabemos ou não entendemos.

SUPERANDO O MEDO DO DESCONHECIDO

Conhecimento é poder.

SIR FRANCIS BACON[10]

Em seus extremos, o medo do desconhecido pode ser perigoso. Também é completamente normal. Todos nós o experimentamos. Na verdade, não seríamos humanos se não o fizéssemos.

Para superar nosso medo do desconhecido, precisamos tornar o desconhecido familiar.

Por um lado, o voto do Brexit no Reino Unido mostrou uma admirável falta de medo do desconhecido, pois a lista de desconhecidos conhecidos da Grã-Bretanha que deixam a UE poderia encher uma biblioteca! Mas 17,4 milhões de pessoas assinalaram a opção "Sair" confiantes na capacidade da Grã-Bretanha de realizar novos negócios comerciais com o mundo e prosperar fora da UE. Para outros, foi um voto para o desconhecido pela simples razão de que eles não tinham nada a perder.

Para muitos, foi na verdade uma rejeição de mudança. Foi um voto a favor de um retorno a um passado conhecido. Cerca de 33 por cento dos que votaram "Sair" no referendo de 2016 do Reino Unido citaram a imigração como a principal razão de sua escolha.[11] Curiosamente, houve uma correlação inversa significativa entre o voto de "Sair" e o número de imigrantes no eleitorado — quanto mais imigrantes, menor será o voto de "Sair". Lugares com mais imigrantes tendem a votar "Permanecer". A familiaridade pode gerar desprezo. Também pode gerar compreensão.

Quando se trata de superar o medo do desconhecido, uma técnica de *mindfulness* é particularmente relevante e útil.

O *mindfulness* nos ensina a ficarmos mentalmente quietos, ajudando-nos a tomar consciência do que nossa mente está fazendo. Não críticos ao que está acontecendo, apenas conscientes. Ela alivia a ansiedade e o estresse mental e até mesmo ajuda na depressão.

O mundialmente renomado mestre de *mindfulness*, o sempre sorridente Mingyur Rinpoche,[12] conta uma história de como seu pai o introduziu no mundo da meditação e do *mindfulness*. O jovem Mingyur sofria com o medo constante do desconhecido. Ele tinha severos ataques de pânico quando havia tempestades e todos os tipos de eventos fora de seu controle. Seu pai o ensinou a meditar, começando com o foco em sua respiração e, em seguida, passando a observar seus pensamentos e medos.

Três décadas de meditação depois e Mingyur nos conta como ele aprendeu a enfrentar seu pânico: "Não lute com o pânico. Você precisa dar boas-vindas ao pânico. Eu não vou me livrar do meu pânico. Eu uso o meu pânico, eu observo o meu pânico. Eu digo: 'Olá, pânico, bem-vindo'. Assim, no final, eu e meu pânico nos tornamos bons amigos."[13]

Note a falta de julgamento. Mingyur não se acha fraco porque entra em pânico. Seu pânico é uma parte dele. Ele não consegue se livrar dele, então ele não tenta. Ele adota uma abordagem completamente diferente. Combater nossos medos, ou ignorá-los, só os alimenta. Reconhecê-los os priva de combustível. Fazer amizade com eles os enfraquece.

Se estiver começando um negócio próprio com o qual está preocupado, faça alguma pesquisa sobre como fazer isso. Fale com outros que o fizeram recentemente e pergunte-lhes o que fariam de diferente na próxima vez.

Se aprender uma nova habilidade lhe diz respeito, explore como isso poderia ser feito. Não será tão assustador quanto pensa. Pode até ser a melhor coisa que você já fez em sua vida.

Descubra o máximo que puder sobre as implicações potenciais da mudança antes de partir. Mas, no final, nenhum plano é perfeito. Portanto, satisfaça-se o máximo que puder, prepare-se — e dê o salto.

Embora existam limites óbvios de tolerância e aceitação, se quisermos minimizar o medo do desconhecido, precisamos tornar o desconhecido familiar.

CAPÍTULO DEZOITO

Encontrando boas tribos

O pertencimento é nossa bênção, o tribalismo é nosso fardo.

DR SAUL LEVINE[1]

Nossa necessidade de pertencimento pode levar a uma desconfiança, e até mesmo medo, dos outros

Somos uma espécie social. Desenvolvemos a necessidade e as habilidades para formar grupos sociais para nossa proteção e prosperidade futura. Nossos antepassados caçadores logo aprenderam os benefícios da colaboração. Nós gostamos de pertencer a algo; precisamos pertencer a algo. Ser parte de um clube, um grupo, não só nos ajuda a nos sentir seguros e protegidos, mas também reforça nosso próprio senso de identidade. O pertencimento é um fator crítico em nossa saúde e bem-estar.

Mas também tem seus pontos negativos. Nossos ancestrais também aprenderam a desconfiar dos "outros" e, até hoje, somos tribais por natureza; propensos a formar rapidamente gangues de "nós contra eles". Curiosamente, um pré-requisito para ser membro de qualquer gangue é que devemos nos conformar com os mitos e desconfianças que sublinham as crenças centrais do grupo. Basta olhar para o conceito humano das nações. Como cidadãos, nos orgulhamos de nossa identidade nacional e dos mitos e histórias que os acompanham. Cidadãos de outras nações olharão para nossa nação através de uma lente completamente diferente. Sua visão de nossa nação pode não ter nenhuma semelhança com a nossa. Enquanto isso, eles contam a si mesmos suas próprias histórias sobre sua própria identidade e valores nacionais, que podemos pensar que são igualmente absurdos. Naturalmente, isso não se aplica apenas às nações. O mesmo se aplica a qualquer grupo ao qual pertençamos — político, religioso, social.

Outra observação fascinante sobre o comportamento humano é que nossa necessidade de pertencer é tão forte que não só aceitaremos os mitos e desconfianças que nosso grupo propaga, mas também simplesmente descartaremos fatos que são completamente opostos às crenças centrais de nosso grupo. É simplesmente muito importante que pertençamos — para nossa própria autoestima, para nossa saúde mental e para nosso senso de segurança. Há segurança em números.

Vemos isso com qualquer grupo político. Os seguidores mais fervorosos do presidente Trump são um exemplo ideal. Mesmo a mais descarada de suas mentiras e os mais censuráveis de seus comentários ou se acredita que sejam produzidos por seus oponentes ou simplesmente descartados como irrelevantes — ou ambos. Se outro político se referisse a si mesmo como um "gênio estável", ou dissesse a congressistas não brancos "voltem para onde vocês vieram", ou supostamente obstruísse a justiça, ou lutasse tão veementemente para não publicar suas declarações de impostos, ou elogiasse ditadores assassinos, ou declarasse que a imigração não europeia é a culpada pelos problemas dos EUA, ou cancelasse uma visita de estado à Dinamarca porque não lhe venderiam a Groenlândia, ou tentasse extorquir líderes estrangeiros para conduzir investigações sobre seus oponentes políticos, ou fingisse que as tarifas sobre os produtos chineses eram um imposto que a China pagava... seus partidários ficariam indignados. Acreditar nele, mesmo quando ele está distorcendo a verdade; concordar com ele, mesmo quando ele está detonando o Estado de Direito e a imprensa livre; descontando seus "supostos" negativos — tudo isso faz parte dos direitos e responsabilidades de ser membro do clube pró-Trump.

A ascensão de grupos supremacistas brancos e neonazistas nos Estados Unidos e no mundo é outro exemplo assustador desse fenômeno. Os homens deploráveis e misóginos (e as mulheres deploráveis e com autoaversão que se mantêm fiéis a seus parceiros da Supremacia Branca) que se juntam a esses grupos horríveis estão cheios de ódio — pela sociedade, pelos liberais, pelas "elites", pelas pessoas LGBTQIA+, pelas mulheres instruídas — por qualquer um a quem eles possam tentar culpar pelo fato de terem sido deixados para trás tanto econômica quanto socialmente. Seus empregos desapareceram, sua autoestima evaporou e sua esperança os deixou há muito tempo. Até mesmo sua visão estereotipada do que significa ser homem é agora considerada pelo resto da sociedade como *neanderthal*. Eles estão perdidos e com raiva. Sua autoaversão está sendo canalizada para um ódio violento a pessoas que não são como eles. E, claro, a maneira mais fácil de determinar pessoas que não são como você é a cor da pele.

Mas não precisamos procurar extremos para ver o medo dos outros em ação. Vemos isso em praticamente todas as instâncias em que nos reunimos e formamos um grupo — cada grupo, cada clube, cada religião, cada seita, cada partido político, cada negócio e muitas vezes até mesmo departamentos dentro das empresas.

Todo negócio diz a si mesmo que é melhor do que a concorrência. Mas nós também formamos tribos dentro de nossa empresa — Vendas vs Marketing, Vendas vs Serviço, Propostas vs Operações, Finanças vs Todos… Sempre que tiramos uma pessoa de uma equipe e a colocamos em outra, sua reação imediata é muitas vezes começar a ver o que está errado com sua equipe anterior. Precisamos estar constantemente atentos aos casos em que estamos

Sempre que tiramos uma pessoa de uma equipe e a colocamos em outra, sua reação imediata é muitas vezes começar a ver o que está errado com sua equipe anterior.

"sendo tribais"; formando panelinhas que servem apenas para criticar os outros e amortecer qualquer opinião contrária. Nos negócios, esse caminho leva a silos. Na sociedade, pode ser ainda mais perigoso.

As mídias sociais exacerbam nosso tribalismo inato; prendendo-nos em uma câmara de eco, uma bolha de autosserviço onde só vemos pontos de vista semelhantes. Agora formamos novas tribos on-line — e essas tribos se atacam umas às outras sem piedade. O ódio desencadeado no Twitter pode ser verdadeiramente assustador.

Os políticos sempre jogaram com nosso tribalismo evolutivo; nossa inata desconfiança em relação aos "outros". Eles ainda o fazem hoje e parece que caímos sempre nessa. Seria de se pensar que agora os humanos modernos seriam imunes a esse tipo de manipulação; que com o conhecimento e compreensão documentados que temos de inúmeras mentiras históricas e das inúmeras atrocidades que foram cometidas em nome do excepcionalismo e do nacionalismo, compreenderíamos os perigos da xenofobia. Mas nós não entendemos. Ainda permitimos que os políticos nos manipulem, que joguem com esses medos antigos e evolutivos — ainda que a parte lógica de nosso cérebro saiba que isso provavelmente terá consequências desastrosas. Parece que não podemos evitar isso.

Uma das formas mais seguras de ser eleito, ainda hoje, é unir uma proporção da população contra um inimigo comum — percebido ou real. Muitas vezes percebido. Quando se tratava de declarar guerra ao Iraque, George W. Bush galvanizou seus seguidores patrióticos com a frase: "Você ou está conosco ou contra nós." Durante a Segunda Guerra do Golfo, a maioria dos norte-americanos acreditava que o Iraque havia desempenhado um papel no 11 de setembro, e "Dubya" deixou que esta mentira persistisse, pois serviu a seus propósitos. Ele até mesmo identificou um "Eixo do Mal" contra o qual os Estados Unidos e seus aliados (evidentemente do lado dos anjos!) deveriam lutar. Desde então, o último presidente dos EUA aperfeiçoou o "Eixo do Mal" para um eixo de um: o Irã. Enquanto isso, os aiatolás iranianos pintam os Estados Unidos como "O Grande Satã".

Como parte integrante de sua bem-sucedida campanha eleitoral de 2016, Donald Trump alimentou as brasas da xenofobia — atacando muçulmanos, mexicanos e qualquer um que fosse um "outro" aos olhos de seus principais apoiadores. E ele não parou desde então. De fato, apelar para o medo insular de seu eleitorado em relação aos outros e continuar a embrulhar essa xenofobia na bandeira dos EUA era um estratagema tão poderoso que poderia reelegê-lo em novembro de 2020. E foi exatamente assim que 2020 começou — com o assassinato de um general iraniano de alto nível nas ruas do Iraque através de um ataque com drone militar dos EUA, a realocação de milhares de tropas adicionais dos EUA para o Oriente Médio (tendo anteriormente jurado tirar os Estados Unidos da região) e depois tuitando imagens de democratas do Congresso em trajes muçulmanos, alegando que eles prefeririam ficar do lado do Irã a do lado dos Estados Unidos. O que é realmente deprimente é que isso funciona.

No Reino Unido, a imigração foi um dos principais motivos por trás de uma proporção significativa do voto de "Sair" de 2016. Obviamente, estar preocupado com a imigração não faz de você um xenófobo — longe disso. Mas várias pessoas foram levadas a votar "Sair" por retórica xenofóbica. Os atos descaradamente racistas aumentaram em todo o Reino Unido desde o referendo.

Pelo menos um terço dos eleitores de "Sair" estavam dispostos a renunciar a sua própria liberdade de circulação através da Europa se isso significasse a capacidade de conter a imigração para a Grã-Bretanha.

Em uma dose dupla de ironia, grande parte do eleitorado britânico não entendeu que, dentro das leis da UE, já tinha o poder de restringir a imigração de qualquer forma.

"Como regra, sentimentos fortes sobre as questões NÃO surgem de uma compreensão profunda."[2]

Enquanto escrevo este livro, a coalizão governante da Áustria está sendo efetivamente governada pelo "Partido da Liberdade da Áustria", de extrema direita. A "Alternativa para a Alemanha", da Alemanha, tem 94 cadeiras no Bundestag alemão, e o partido de extrema direita Vox, da Espanha, agora detém quinze por cento das cadeiras em um parlamento sem maioria formada e se tornou uma grande força na política espanhola. O primeiro-ministro húngaro Orban foi reeleito em 2018 em grande parte por demonizar os judeus em geral e George Soros em particular. Muitos comentaristas mundiais descrevem o governo de Orban como ditatorial e autocrático. Naturalmente, Trump elogiou a abordagem linha dura de Orban.

Setenta e cinco anos depois do fim da Segunda Guerra Mundial, e parece que esquecemos o perigo devastador de ceder à xenofobia.

Como uma espécie supostamente inteligente, não devemos tolerar isso.

Tolerar é errado

O melhor e o pior da natureza humana estão em exposição a cada minuto do dia no Twitter. Desde o referendo da União Europeia, a esplanada britânica do Twitter tem sido repleta de histórias de cidadãos da União Europeia aos quais tem sido recusado o direito de permanecer na Grã-Bretanha, apesar de terem morado no país por décadas. Abundam as histórias de abuso verbal de médicos, enfermeiras, comerciantes e cidadãos comuns nascidos no estrangeiro. Os estudantes internacionais de pós-graduação têm sido convidados a sair. Durante um desses intercâmbios on-line, um cidadão britânico nascido e criado na Grã-Bretanha reagiu a essa farsa com o comentário: "Se você não nasceu aqui, não tem o direito de permanecer aqui. Nós o toleramos. Isso não significa que nós o aceitamos."

Às vezes, meus companheiros humanos me dão vontade de chorar.

Outras pessoas são exatamente isso — pessoas. Elas têm as mesmas esperanças, sonhos e medos que você; como eu tenho. Muitas vezes, se os tratássemos como gostaríamos de ser tratados se estivéssemos na posição deles, nos espantaríamos com a resposta. Precisamos passar mais tempo concentrando-nos nas coisas que temos em comum e celebrando as diferenças. Se suas práticas religiosas e normas sociais não estão nos prejudicando, que tal simplesmente as aceitar? Só porque elas são diferentes não significa que sejam inferiores — ou perigosas. Mesmo a mais estranha das culturas tem algumas características redentoras!

Estados Unidos, Canadá, Reino Unido, Austrália, Nova Zelândia, Europa... gostamos de nos orgulhar de sermos sociedades "tolerantes": tolerantes a diferentes religiões; tolerantes a diferentes orientações sexuais; tolerantes a diferentes culturas; tolerantes a diferentes pessoas. Sempre tive orgulho de ser um cidadão de países que são tolerantes. Mas eu estava errado. Foi só quando vivi em Abu Dhabi por alguns anos, e fui eu quem se sentiu "tolerado", que percebi que "tolerância" não é suficiente.

> Precisamos passar mais tempo concentrando-nos nas coisas que temos em comum e celebrando as diferenças.

Os Emirados Árabes Unidos estão justamente orgulhosos de sua tolerância, especialmente de sua tolerância religiosa. Eles têm um Ministro da Tolerância e declararam 2019 como "O Ano da Tolerância". Os xiitas são tolerados. Os não muçulmanos são tolerados. Cristãos são tolerados. Os mórmons são tolerados (apesar de alguns poucos que conheço terem sido convidados a parar de bater às portas tentando converter os locais a sua fé...). Os hábitos ocidentais de beber são tolerados. Os ocidentais que comem carne de porco são tolerados. Mulheres ocidentais usando trajes de banho ao redor das piscinas de hotéis são toleradas. Inúmeros outros "vícios" também são tolerados — ou pelo menos ignorados. Até mesmo dar as mãos em público é reprovado, mas tolerado — desde que você seja casado ou, ironicamente, do mesmo sexo.

Em 2019, o Papa Francisco tornou-se o primeiro Papa a visitar o Oriente Médio e realizou uma missa católica no Estádio Esportivo Zayed de Abu Dhabi para 120 mil católicos expatriados (principalmente das Filipinas e da Índia). O Pontífice foi abraçado publicamente pelo Grande Imã de al-Azhar, o líder espiritual do islamismo sunita. Eu aplaudo aberta e sinceramente o Grande Imã e os líderes dos Emirados Árabes Unidos por terem feito isso. Foi um grande gesto e um passo significativo na direção certa. Os cristãos não foram apenas tolerados — eles foram aceitos. O líder global da maior igreja cristã foi abraçado publicamente e tratado como um igual. Foi um gesto muito público.

No dia seguinte à missa do Papa Francisco, um homem foi preso por usar uma camisa de futebol do Qatar.

Enquanto morava no Oriente Médio, eu tive uma espécie de epifania: nenhum de nós quer ser tolerado. Queremos ser aceitos. “Tolerância” implica relutância; sugere superioridade. “Eu *tolero* suas ações e crenças,”

"Tolerância" implica relutância; sugere superioridade. "Eu *tolero* suas ações e crenças,"

Todos nós precisamos ir além da “tolerância”; precisamos aceitar outras pessoas. A “aceitação” é muito mais saudável, pois a aceitação requer compreensão. A aceitação requer uma apreciação das diferenças. A aceitação implica igualdade. O Grande Imã, que é egípcio, acertou em cheio no ano anterior à primeira missa do Pontífice no Oriente Médio quando declarou que “os cristãos não devem se chamar uma minoria; eles são cidadãos como qualquer outra pessoa”. Essa declaração implica algo mais do que tolerância. Implica aceitação.

Isso me fez perceber que no Ocidente nós também “toleramos” um número de pessoas e práticas que são diferentes de nossas normas culturais. E não deveríamos. A “tolerância” simplesmente não é suficiente. Temos que as aceitar.

Entretanto… existem certos comportamentos que não devemos aceitar. Não devemos aceitar discriminação, racismo, discurso de ódio ou misoginia de qualquer membro de nossa sociedade — mesmo dos locais. Na verdade, especialmente dos locais. Não devemos aceitar a mentira habitual de nossos políticos. Não devemos aceitar a evasão fiscal de empresas multinacionais. Certamente não devemos *tolerar* nada disso — ainda assim, toleramos.

Nossa falta de clareza em torno das normas culturais pode ser um grande combustível para a xenofobia e o racismo e uma das causas do atual recuo político populista que vemos em todo o Ocidente. Como não declaramos claramente os valores de nossa sociedade, acabamos “tolerando” os comportamentos que não deveríamos — tanto dos cidadãos existentes como dos recém-chegados. O que significa ser britânico?

O que significa ser norte-americano? O que significa ser australiano? Canadense? Neozelandês? Finlandês? Francês? Italiano? Indiano?

Os direitos de cidadania devem vir com um conjunto correspondente de responsabilidades. No entanto, parece que não os conseguimos explicar. Quais são as atitudes e códigos de comportamento que a nação espera em troca do dom da cidadania? E a cidadania *é* um presente. Estranhamente, é um presente que muitas vezes é mais valorizado pelas pessoas que optaram por se tornar cidadãos em comparação com aqueles que nasceram acidentalmente no país.

A magnífica e, francamente, incomparável primeira-ministra da Nova Zelândia, Jacinda Ardern, obviamente concorda. No rescaldo imediato do horrível tiroteio terrorista em massa de adoradores inocentes em duas mesquitas por um supremacista branco em Christchurch, em março de 2019, ela rapidamente condenou tanto ele quanto sua ideologia: "É claro que isso agora só pode ser descrito como um ataque terrorista", disse a primeira-ministra. Ela prosseguiu dizendo que a Nova Zelândia era um alvo porque "representa os valores da diversidade, da bondade e da compaixão":

Somos um lar para aqueles que compartilham nossos valores e um refúgio para aqueles que precisam dele. E eu posso assegurar-lhes que esses valores não serão nem podem ser abalados por esse ataque.

> Somos uma nação orgulhosa, com mais de duzentas etnias e 160 idiomas, e entre a diversidade de valores comuns que compartilhamos e a que valorizamos no momento é nossa compaixão, e nosso apoio à comunidade das pessoas diretamente afetadas por essa tragédia. E em segundo lugar, a mais forte condenação possível da ideologia das pessoas que fizeram isso. Você pode nos ter escolhido, mas nós o rejeitamos e o condenamos totalmente.

Encontre boas tribos

"Outras pessoas importam".[3]

Muito do comportamento humano, do pensamento e da emoção decorre de nossa necessidade psicológica de pertencimento. As consequências emocionais do pertencimento têm sido bem estudadas. Um forte senso de pertencimento é uma causa importante de maior autoestima, felicidade e bem-estar. Ele também atua como um amortecedor contra o estresse e uma proteção contra a depressão. As conexões sociais são tão importantes que, em 2011, os Centros de Controle e Prevenção de Doenças (CDC) dos EUA adotaram a promoção da "conectividade" como sua direção estratégica central para prevenir o comportamento suicida. O pertencimento previne o suicídio.

Entre os estudantes, um senso de pertencimento entre colegas e professores tem se mostrado um facilitador-chave para melhores resultados em exames.

No local de trabalho, pertencer a um grupo de colegas de trabalho é muitas vezes um melhor motivador do que o dinheiro. O reconhecimento de seus pares é a forma mais poderosa de reconhecimento que existe. Os neurocientistas têm até mesmo provado que isso é verdade — os circuitos de nosso cérebro respondem tão fortemente às recompensas sociais (por exemplo, o reconhecimento dos colegas) quanto às recompensas financeiras. O pertencimento também pode criar sentido; fazer parte de um grupo significa que somos parte de algo maior do que nós mesmos.

O reconhecimento de seus pares é a forma mais poderosa de reconhecimento que existe.

Mas o oposto também é verdade. Quando os laços sociais são cortados, nossos cérebros reagem como se tivéssemos sido feridos fisicamente. Estamos conectados para sentir dor quando desprovidos de conexão social, da mesma forma que quando temos fome e sede.

Nossa necessidade de pertencimento é uma necessidade humana forte e fundamental. Tão forte que pode nos desestabilizar. É por isso que as crianças se juntam a quadrilhas. É assim que os líderes de gangues são capazes de atrair crianças com tanta facilidade para vender drogas para eles. É por isso que os líderes de seitas religiosas ao longo dos tempos têm sido capazes de atrair multidões de pessoas para se juntarem a seus clubes autodestrutivos e perniciosos.

Precisamos encontrar boas tribos para aderir. Tenho ouvido com frequência que existem dois tipos de pessoas no mundo — os que fornecem e os que retiram energia. Precisamos nos cercar de pessoas que dão energia. A vida é muito curta para estar com quem nos drena.

Dê um passo atrás e avalie suas próprias tribos. Será que elas reforçam seus próprios valores pessoais? Elas destacam as melhores partes de você? Elas aceitam o verdadeiro você, suas falhas e tudo mais? Elas fazem você se sentir uma pessoa melhor? Elas dão ou tomam sua energia? Você "drena" quando está na companhia delas ou você "irradia"? Elas são boas para você?

Sua "gangue" no trabalho lhe dá energia ou eles tiram a sua? Eles reclamam incessantemente ou também tentam melhorar as coisas? Estão chafurdando em vitimização cínica ou estão se reforçando uns aos outros com crença e confiança? Bem, eu amo uma boa dose de vitimização cínica tanto quanto qualquer um (você deveria ver um pouco do meu Twitter!) e vamos encarar os fatos, onde estaria o humor britânico e australiano sem cinismo e ironia? Mas chega um momento em que até eu sei que isso é contraproducente, e então é hora de levantar a cabeça e começar a procurar maneiras de seguir em frente, ser proativo, mudar minha atitude e fazer a diferença. Isso pode significar mudar minhas tribos.

Podemos mudar nossas tribos. Temos o poder de fazer isso.

Assegure-se de que suas tribos sejam boas para você.

CAPÍTULO DEZENOVE

Reestruturando nossa identidade

Estamos reduzidos a perguntar aos outros o que somos.
Nunca ousamos fazer essa pergunta a nós mesmos.

JEAN-JACQUES ROUSSEAU[1]

Identidade

Nossa visão de quem somos, o tipo de pessoa que somos, o tipo e a maneira de decisões que tomamos, os valores que defendemos, o que defendemos e o tipo de pessoa que desejamos ser no futuro... tudo isso pode atrapalhar a aceitação da mudança.

Nós, humanos, somos seres complexos e, como vimos, nossa mente controla nossas ações, ditando efetivamente o que podemos e não podemos realizar. E uma parte incrivelmente forte de nossa mente está envolta em nossa identidade — quem nós pensamos que somos.

Como você vê a si mesmo? Como você se descreveria? Você diria que você é uma pessoa "gentil"? Focada? Ambiciosa? Atenciosa? Bonita? Esperta? Glamorosa? Forte? Seu trabalho é uma parte importante de sua identidade? Seu papel como mãe, pai, filho ou filha é uma parte importante de quem você é? Quais valores são fundamentais para sua identidade? Equidade? Direito? Excepcionalismo? Que filiações são importantes para você, que definem em parte quem você é? Igreja? Mesquita? Clube? Partido político?

Nossa identidade é formada por uma infinidade de influências externas — nossos pais, nossa educação, nossa religião ou a falta dela, nossa etnia e a sociedade em que vivemos. Ela é formada pelo modo como percebemos o que os outros pensam de nós. Nossa nacionalidade, ou melhor, os valores e filosofias que atribuímos à nossa nacionalidade, também podem desempenhar um papel importante na formação de nossa identidade, nossas atitudes e, por sua vez, nossos comportamentos.

Nossa necessidade de pertencimento é uma parte importante de nossa identidade.

Nossa necessidade de pertencimento é uma parte importante de nossa identidade. Somos animais sociais; nossa necessidade de fazer parte de grupos sociais é uma parte integrante de nossa composição evolutiva. É vital para nossa sobrevivência física e nosso bem-estar mental. Como já discutimos anteriormente, nossa necessidade de pertencimento pode ser tão forte que somos capazes de realizar ginásticas mentais extraordinárias; descartar verdades e acreditar em mitos só para continuar fazendo parte do grupo.

Os cultos religiosos são outro exemplo óbvio desse fenômeno. Ser membro de um culto se torna tão importante para a identidade dos seguidores que eles aceitarão qualquer finalidade de autossacrifício e autoflagelação para manter sua filiação. Inúmeros documentários foram feitos sobre como movimentos como os Rajneeshis e a Cientologia foram/são capazes de influenciar/lavar o cérebro de seus seguidores a tal ponto que seu senso de autoestima se tornou inseparável da filiação ao culto.

Em 19 de novembro de 1978, o reverendo Jim Jones, do Projeto Agrícola do Templo do Povo, mais conhecido como "Jonestown", convenceu seus mais de novecentos seguidores devotados a cometer suicídio em massa bebendo Kool-Aid misturado com cianeto. Não consigo nem lembrar a causa pela qual eles morreram, mas morreram.

Um terço dos mortos eram menores de idade que receberam o veneno de seus pais. A necessidade de pertencer a esse grupo era tão forte que eles mataram seus filhos e depois eles mesmos para manter sua filiação, para manter sua identidade.

Naturalmente, nossa necessidade de pertencimento também pode ser uma força para o bem. Ajudar os necessitados é um princípio fundamental do cristianismo, do islamismo e da grande maioria das religiões. É a base de um grande número de instituições de caridade baseadas na fé em todo o mundo. Nosso senso de identidade pode ser um motor incrivelmente poderoso de mudança.

Também pode ser uma barreira incrivelmente poderosa para a mudança. Às vezes, em tempos de mudança, nossa necessidade de adotar um novo curso de ação vem emparelhada à nossa identidade — e podemos vacilar.

Se a "resiliência" é uma parte fundamental de nossa identidade, isso pode nos impedir de dar fim a uma relação negativa ou a um trabalho que não é adequado para nós. Se "eu não sou alguém que desiste" é uma parte importante de como nos vemos, é provável que perseveremos em uma situação prejudicial por muito mais tempo do que deveríamos.

Se o "estoicismo" é uma parte importante de nossa identidade, podemos adiar a ida ao médico, um atraso que pode ter consequências potencialmente desastrosas. E, é claro, se nossa identidade se tornou sinônimo de "vitimização", vamos afundar na Curva de Mudança por muito tempo — talvez para sempre.

Reformulando nossa identidade

Nossa identidade não é gravada em pedra. Não é "definitiva". Podemos alterá-la. Quando a necessidade de mudar colide com a maneira como nos vemos, especialmente se a mudança colide com nossas crenças e valores fundamentais, a barreira para mudar é extremamente desafiadora.

Isso nos dá a oportunidade de rever como nos vemos. É uma oportunidade para rever:

- o que nós defendemos;
- com quem escolhemos ficar;
- o que acreditamos sobre nós mesmos;
- como queremos ser vistos — por nós mesmos e pelos outros — no futuro;
- e o porquê.

Sua identidade está atrapalhando a aceitação dessa mudança? Seus "valores" estão em conflito com os valores que você acredita que serão necessários para acompanhar essa mudança? Se a resposta a qualquer uma dessas perguntas for sim, você terá uma última pergunta a responder: quão importante para você é a necessidade de aceitar essa mudança?

Se você julgar que é suficientemente importante, então você precisará olhar para aqueles elementos de sua identidade que podem precisar de uma pequena revisão. Talvez seja necessário reestruturar a forma como você vê a si mesmo. Você ainda pode ser "estoico", mas não ao ponto de nunca ir ao médico. Você ainda pode ser alguém que cumpre prazos, ao mesmo tempo em que pode anunciar quando um projeto não pode ser entregue em seu prazo original.

Nossa identidade não é necessariamente fixa. Como nossos pensamentos e nossas crenças, ela é maleável. Mas qualquer mudança de identidade que instiguemos deve ser genuína.

CAPÍTULO VINTE

Testando nossas dúvidas

O problema do mundo é que os tolos e fanáticos estão sempre cheios de certezas, e as pessoas inteligentes estão cheias de dúvidas.

BERTRAND RUSSELL[1]

Dúvidas

Todos nós temos dúvidas durante qualquer período de mudança. Assim deve ser. Nenhuma mudança é perfeita. Ela é confusa. É complicada. A visão do futuro que tínhamos em mente raramente se concretiza da maneira como imaginávamos originalmente.

Isso se aplica a quase todas as mudanças significativas — novas relações, novos empregos, novas escolas — não importando se a provocamos ou se ela nos foi imposta.

É claro que vemos isso em ação o tempo todo. O líder se levanta e pinta uma visão gloriosa de um novo mundo de crescimento e oportunidade para todos — e, sentados na plateia, começamos a nos perguntar. Questionamo-nos se a previsão do chefe para o futuro é realizável. Perguntamo-nos sobre as razões por trás da mudança: estão nos dizendo a razão "certa", mas qual é a razão "real"? Podemos ver tantos obstáculos e eles ainda não os reconheceram em seu discurso "motivador"! A dúvida começa a surgir. Um maravilhoso CEO dos Estados Unidos descreveu isso de sua perspectiva: "Cam, às vezes, eles simplesmente não acreditam no que eu estou vendendo!"

Essa barreira particular da mudança é mais do que o medo do desconhecido; é um ceticismo total sobre os benefícios declarados que a mudança trará. Não é apenas uma questão de crença; é uma questão de confiança.

> *Não confio que o futuro seja melhor do que hoje. As autoridades podem tentar me convencer de que os números batem e a nova estrutura funcionará melhor do que a antiga — mas ainda não estou convencido. Questiono os números, as suposições, as afirmações, as conclusões e as verdadeiras razões por trás dessa mudança. Eu questiono especialmente sua afirmação de que os resultados da mudança serão bons — para a empresa, para meus colegas ou para mim.*

Quando se trata de mudanças organizacionais, esse tipo de dúvida é muito comum, mas transmiti-las abertamente pode ser, na maioria das vezes, uma jogada arriscada! Portanto, antes de decidir transmiti-las, respire fundo e faça a si mesmo a seguinte pergunta:

No que você não acredita em relação à visão pós-mudança do futuro que seus líderes de mudança estão promovendo? E por quê?

(Uma pequena observação sobre o fenômeno relacionado à "fadiga da mudança". Essa é uma enfermidade comum em empresas que colocam seus pobres funcionários em um programa de mudança após o outro. Muitos dos participantes das minhas oficinas Liderando a Mudança e Aceitando a Mudança descrevem a "fadiga da mudança" como um grande obstáculo à transformação dentro de suas organizações. Muitos me disseram isso e agora incluo "Tratar a mudança como um programa" como a 11ª razão pela qual a mudança corporativa falha. A mudança não é um programa. Ela é constante. É parte da vida. Mas, para entrar na cultura de uma organização, os líderes precisam variar o ritmo da mudança — ninguém pode continuar prosseguindo a todo vapor!)

Teste suas dúvidas

As dúvidas são saudáveis. Mas devemos fazer algo com elas ou elas se deterioram e nos impedem de agir.

A primeira coisa a fazer, como com qualquer barreira para a mudança, é reconhecer sua existência — para arejar suas dúvidas. Mas, por favor, faça isso construtivamente! Talvez comece por arejá-las para você mesmo. Se você tiver dúvidas sobre um novo relacionamento, conversar e despejar sobre seu parceiro um pacote completo de preocupações sem pensar antes, pode ser algo que você se arrependerá por toda a vida!

Mas, quando você tiver pensado bem em suas dúvidas, definitivamente as compartilhe — de uma forma que não seja acusatória ou paternalista; de uma forma que inicie uma conversa em vez de encerrá-la. E lembre-se, a razão pela qual você está compartilhando essas dúvidas é para testá-las. Aceite que elas podem ser infundadas. Elas podem não ser tão preocupantes quanto você imagina; ou podem estar corretas. A única maneira de saber é submetê-las a uma inspeção mais detalhada; verificar a validade delas. Você pode ficar agradavelmente surpreso ou pode ter descoberto uma razão fundamental para que a mudança precise ser revisada.

No exemplo empresarial anterior, se você realmente não acredita que a mudança que os líderes de sua organização estão planejando melhorará as coisas, tente fazer algo a respeito. Pois, como Leonardo Da Vinci disse uma vez, "Nada fortalece tanto a autoridade quanto o silêncio".

Mas antes de vestir sua armadura e marchar para a batalha, primeiro procure entender porque as pessoas que instigam a mudança pensam que ela trará um futuro melhor. Tente pegar todos os seus preconceitos e vieses e prenda-os em uma caixa por algum tempo. Então, com

> Procure entender porque as pessoas que instigam a mudança pensam que ela trará um futuro melhor.

olhos bem abertos e inocentes, dê a eles o benefício da dúvida e procure compreender a lógica e a visão que lhe foi vendida. Em seguida, exprima suas dúvidas e comece a testá-las.

Se ao final de todos esses testes de dúvida você ainda não estiver convencido, faça a si mesmo duas perguntas — e seja muito honesto com suas respostas:

1. Vale a pena lutar nesta batalha?
2. Isso vai acontecer de qualquer maneira, não importa o que eu faça?

Se sua resposta honesta à última pergunta for sim, não perca seu tempo enfrentando moinhos de vento — aceite a realidade e procure as oportunidades.

A oração da serenidade:

> Conceda-me a serenidade
> para aceitar as coisas que não posso mudar,
> a coragem para mudar as coisas que posso,
> e a sabedoria para discernir uma da outra.[2]

CAPÍTULO VINTE E UM

Desapegando de nossos pensamentos negativos

Nós somos o resultado das histórias que contamos a nós mesmos.

DERREN BROWN[1]

Pensamentos negativos

A mente humana tem entre cinquenta mil e oitenta mil pensamentos todos os dias e estima-se que cerca de oitenta por cento deles são negativos. Nossas mentes estão continuamente tentando nos proteger e, no entanto, também estão aplicando o mais insidioso dos freios no progresso e mudança futuros.

Imagine se esses pensamentos negativos dentro de nossa cabeça fossem uma pessoa real; alguém que estivesse sempre ao nosso lado, procurando constantemente os aspectos negativos nos outros; continuamente nos alertando para estarmos atentos às pessoas que ela considera "diferentes" e reforçando nossos instintos tribais evolutivos. Constantemente nos lembrando por que não devemos fazer algo; pregando que não somos dignos; exortando-nos a não tentar porque podemos fracassar; dizendo-nos que não temos as habilidades e simplesmente não somos suficientemente bons.

Por que diabos continuaríamos andando com um tão horrível profeta da negatividade? Muito em breve nos desassociaríamos deles. Perceberíamos que eles estão falando bobagem e nos retendo. Deixaríamos de dar atenção a eles.

Essa "pessoa" está dentro de nossas cabeças — e precisa ser domesticada se quisermos realizar nosso verdadeiro potencial; se quisermos ser felizes e satisfeitos; se quisermos mudar. Precisamos acalmar o ruído quase constante da negatividade.

Nossos pensamentos, se deixados sem controle, podem ser as maiores barreiras à mudança.

Nossos pensamentos, se deixados sem controle, podem ser as maiores barreiras à mudança.

Os pensamentos levam a sentimentos. Os sentimentos conduzem à ação, e nossas ações afetam a forma como as pessoas reagem a nós. Deixe-me dar-lhes um exemplo. Um estranho entra em um pub e por causa do seu aspecto, da maneira como está vestido, da maneira como soa, você imediatamente pensa: "Ele não é nada parecido comigo. Não tenho certeza se gosto dele e acho que ele não vai gostar muito de mim." Esses pensamentos produzem sentimentos de cautela que guiam sua linguagem corporal e suas ações em relação a ele. Você pode oferecer a ele um lugar espaçoso, evitar seu olhar ou dar a ele um de seus melhores sorrisos falsos. Sem dizer nada, ele imediatamente recebe a mensagem e reage de acordo. Suas barreiras sobem e ele reage de maneira semelhante. Nada foi dito e ainda assim esses dois estranhos já estão em modo de confronto.

Imagine o que teria acontecido se você tivesse começado com um pensamento diferente. O mesmo estranho entra e você pensa: "Tatuagens legais. Onde será que ele as fez?", ou "Aposto que ele tem algumas histórias!" Esses pensamentos gerariam sentimentos positivos e talvez até um sorriso natural — e ele reagiria por sua vez. Nada mudou a não ser seus pensamentos — no entanto, o mundo de repente é um lugar muito diferente.

É claro que isso não se refere apenas à conversa de motoqueiros em bares. Seus pensamentos guiarão a natureza de cada interação da mesma maneira — com amigos, colegas de trabalho, parentes... Seus pensamentos — que são um produto de seus próprios vieses, preconceitos e prejulgamentos — determinarão como você se sente, o que por sua vez impulsiona como você age, o que produz reações correspondentes em outros.

As crenças são outra ordem de grandeza; são pensamentos sob esteroides. Uma crença é um pensamento que começamos a tornar real, que começamos a fortalecer em nossas mentes. Se não tivermos cuidado, as crenças podem se tornar verdades duras. Na verdade, parece que estamos conectados para fazer exatamente isso.

Nós, humanos, temos a tendência de procurar dados e fatos que sustentem nossas crenças, o que, por sua vez, serve para enrijecê-las. As mídias sociais se alimentam disso, reforçando diariamente nossos preconceitos, sem parar, mostrando-nos mais do que pensamos que queremos ver. A menos que procuremos ativamente seguir pessoas com opiniões contrárias às nossas, acabamos presos em uma "câmara de eco" na qual só ouvimos as opiniões de pessoas que compartilham nossos pontos de vista. Ficamos cada vez mais convencidos de nossa própria retidão. Isso não é apenas limitado; pode ser perigoso.

A internet deveria anunciar uma nova era da verdade; a democratização da informação. Quando os fatos estivessem disponíveis para todos, a verdade venceria, banindo a propaganda e as *fake news* para sempre. "Diz-se que a luz do sol é o melhor dos desinfetantes", disse Louis Brandeis.[2]

As previsões não poderiam ter sido mais erradas. A avalanche de informações on-line tornou quase impossível distinguir a verdade da propaganda; fato da ficção; notícia da opinião; verdade da mentira. Ela não apenas forneceu terreno fértil para que as inverdades florescessem, mas também forneceu às corporações e aos governos as ferramentas para manipular as pessoas de uma maneira pela qual Goebbels teria feito de tudo para conseguir.

Nossas opiniões são fortalecidas a cada interação com nossas câmaras de eco on-line, explorando nossa necessidade evolutiva de pertencimento, e assim parece que estamos nos tornando ainda mais tribais a cada clique que passa.

Hoje, parece que nós nos definimos de forma profundamente partidária — como pró-Trump ou anti-Trump, pró-Brexit ou anti-Brexit, céticos da mudança climática ou seguidores da ciência. O discurso político no Ocidente sempre foi tribal, mas, por outro lado, parece ter caído no ódio e na aversão. Não simplesmente discordamos dos argumentos emanados de nossos adversários políticos; acreditamos fervorosamente que eles são moralmente errados e intelectualmente inferiores. Nossos pensamentos e opiniões não se transformaram apenas em crenças, eles foram fortalecidos até o fanatismo; eles se tornaram verdades viscerais e pessoais.

Parece que estamos nos divertindo em nossas crenças e endurecendo nossas posições a tal ponto que somos incapazes de ouvir, incapazes até mesmo de começar a ver qualquer credibilidade no que o outro lado possa estar dizendo, porque, em nosso mundo polarizado moderno, reconhecer que seu oponente pode ter até mesmo um único ponto com o qual você concorda é equivalente a uma capitulação completa.

Mas então, às vezes esquecemos que isso vem acontecendo há milhares de anos antes das mídias sociais. A humanidade vem transformando pensamentos em crenças, crenças em "duras realidades" e "duras realidades" em ações desastrosas para milênios à frente. Por ignorância e medo politicamente induzido, muitas vezes alimentado por dogmas religiosos, nossos ancestrais afogaram "bruxas", prenderam cientistas como Galileu por ousarem mostrar que a Terra girava em torno do Sol e embarcaram em cruzadas assassinas para conquistar os sarracenos ou para matar os infiéis.

Cada uma de nossas religiões reivindica a propriedade da "verdade", e as crenças rapidamente se tornam "verdade" aos olhos do verdadeiro fiel, muitas vezes com consequências mortais.

Quando seguidores de uma religião acreditam genuinamente que a palavra de (seu) Deus, como escrita em seus textos sagrados, é "a verdade", eles obviamente também acreditam que seguidores de outra religião e seguidores de nenhuma religião são, portanto, ignorantes ou talvez até mesmo estejam em negação da "verdade". Essa crença, por si só, é benigna. Mas sabemos que nem sempre parou por aí. Crenças enraizadas se transformaram em ações muito rapidamente. Os ignorantes e os negacionistas da verdade foram rotulados como "infiéis" ou "hereges", e foram encontradas passagens em livros sagrados para tolerar e encorajar perseguição, ódio e até mesmo violência contra o outro grupo.

Usei o pretérito para tirar o veneno destas últimas frases, mas só temos que acessar as notícias para ver que isso ainda acontece hoje — em todos os cantos do mundo.

Naturalmente, a perseguição e a discriminação não são o único domínio do mundo da religião. Ocorre em qualquer situação em que um grupo acredita genuinamente que é fundamentalmente superior a outro.

Em 26 de janeiro de 1788, a Austrália foi "fundada". Ela havia sido "descoberta" 18 anos antes. A "descoberta" e a subsequente "fundação" foram ambas notícias para as estimadas 750 mil pessoas cujos antepassados haviam habitado o continente por dezenas de milhares de anos antes da chegada da autointitulada "Primeira Frota" em Botany Bay. Os novos colonos brancos acreditavam de modo tão inequívoco em sua superioridade inata que rotularam o novo continente de "terra nullius" (terra de ninguém). Os aborígenes não eram apenas considerados inferiores ao homem branco, eles sequer eram considerados humanos. Numerosas tribos em todo o país foram exterminadas, especialmente se retaliassem a invasão. A sustentabilidade e o poder de uma crença enraizada não devem ser subestimados: os aborígenes da Austrália não eram incluídos no censo oficial australiano até 1967.

A Federação da Austrália foi formada em 1º de janeiro de 1901 com uma constituição totalmente nova. Ela incluía uma seção (Seção 25) que penalizava explicitamente os estados se eles excluíssem alguém da votação por causa de sua raça. Isso é uma coisa boa, obviamente, mas também mostra que na época excluir pessoas por causa de sua raça era uma prática comum. A razão da cláusula era desencorajar a prática da exclusão racial; no entanto, não a proibia. Outra seção (Seção 51, Cláusula 26) era explicitamente racista, autorizando legislação com respeito a "pessoas de qualquer raça para as quais é considerado necessário fazer leis especiais". Sir Edmund Barton, o primeiro-ministro inaugural da Austrália, disse à convenção constitucional de 1897-1898 que a Seção 51 era necessária para que a Comunidade das Nações pudesse "regular os assuntos das pessoas de raças de cor ou inferiores que se encontram na Comunidade das Nações". Ambas as seções ainda existem hoje.

Uma das primeiras peças de legislação declaradas pelo primeiro governo federal australiano em 1901 foi a Lei de Restrição à Imigração, que permitia a restrição da imigração com base na raça. (Algo que o primeiro-ministro Modi, da Índia, recentemente adotou com os muçulmanos vizinhos em sua mira). Os atos posteriores reforçaram ainda mais a política, dando preferência aos migrantes britânicos em relação a todos os outros.

Dezoito anos após a Federação Australiana, na Conferência de Paz de Paris de 1919, após a Primeira Guerra Mundial, o Japão recomendou que fosse acrescentada uma declaração ao Tratado de Versalhes. A "Proposta de Igualdade Racial" era uma proposta destinada a abolir a discriminação racial entre todos os membros da Liga das Nações. O primeiro-ministro da Austrália e o presidente dos Estados Unidos vetaram a proposta.

Absorva isso por um segundo.

Felizmente, o princípio da igualdade racial seria revisitado após a Segunda Guerra Mundial e incorporado à Carta das Nações Unidas em 1945 como o princípio fundamental da justiça internacional.

Embora o primeiro-ministro da Austrália, John Curtin, tenha declarado durante a Segunda Guerra Mundial que a Austrália "permanecerá para sempre a casa dos descendentes daqueles que vieram aqui em paz a fim de estabelecer nos Mares do Sul um posto avançado da raça britânica", tenho o prazer de dizer que sucessivos governos desmantelaram posteriormente essa "Política da Austrália Branca" entre 1949 e 1966. Finalmente, em 1975, 187 anos após a ocupação britânica e 74 anos após a Federação, o Governo Whitlam aprovou a Lei de Discriminação Racial, que tornou ilegais os critérios de seleção baseados na raça.

Uma crença enraizada pode levar algum tempo para ser descontruída!

Uma crença enraizada pode levar algum tempo para ser descontruída!

Nas décadas que se seguiram, a Austrália tem mantido imigrações multiétnicas em grande escala, permitindo que pessoas de qualquer país possam solicitar a migração para o país, independentemente de sua nacionalidade, etnia, cultura, religião ou idioma. Cerca de 28 por cento da população residente na Austrália nasceu no exterior. A migração líquida para a Austrália foi de 237 mil em 2018. Com 45 imigrantes por mil habitantes, sua rede imigratória é uma das mais altas do mundo ocidental; três vezes maior do que a dos Estados Unidos e do Reino Unido.

Imagine...

Imaginemos um mundo diferente, em que todos nós aderimos a duas filosofias simples e mutuamente enriquecedoras:

1. Não violência: em relação a nós mesmos e aos outros.
2. Verdade: novamente, para nós mesmos e para os outros, mas com uma advertência adicional de que reconhecemos que sua verdade pode ser diferente da minha — e tudo bem — desde que nossas diferentes versões da verdade não prejudiquem ninguém.[3]

Imagine um mundo assim. Um mundo onde as nações não se considerassem automaticamente superiores ou excepcionais. Um mundo sem "supremacia branca". Um mundo sem terrorismo — islâmico, lealista, republicano ou qualquer outra variedade. Um mundo onde os termos "blasfemador" e "infiel" sejam palavras constrangedoras de uma era passada. Um mundo em que a raça simplesmente não é um problema. Um mundo sem retórica nacionalista ascendente e perigosamente manipuladora. Imagine se nossos líderes políticos seguissem uma doutrina de não violência, autenticidade e uma noção de que a verdade de outra pessoa pode ser tão válida quanto a deles. As guerras comerciais seriam uma coisa do passado. Os fabricantes de armas seriam uma pequena parte de nossas economias.

Imagine...

Superando seus pensamentos negativos

Mude seus pensamentos e você mudará seu mundo.

NORMAN VINCENT PEALE[4]

Nossos pensamentos podem se transformar em crenças, crenças podem se tornar "verdade" e "verdade" pode levar à ação. As ações resultantes de nossas crenças podem ser socialmente construtivas — adotar uma criança ou levantar dinheiro para caridade — ou podem ser socialmente destrutivas — amarrar explosivos em nosso peito e entrar em um mercado cheio.

Temos o poder de mudar nossos pensamentos e, uma vez que reconhecemos isso, podemos mudar nosso mundo — para melhor.

O primeiro passo é desapegar de seus pensamentos negativos para vê-los como eles realmente são — simplesmente histórias.

Podemos mudar nossos pensamentos. Podemos desafiar nossas crenças — sem se humilhar ou perder nosso senso de integridade pessoal. Podemos começar a ouvir outros pontos de vista — não apenas para responder, mas para compreender.

Para mudar nossos comportamentos, a fim de mudar ações ou resultados indesejados, também precisamos olhar para os pensamentos, sentimentos e crenças que nos levaram a nos comportar dessa maneira.

Não estou nem por um minuto afirmando que todos os pensamentos e crenças são ruins ou errados. Mas eles precisam ser o início de uma conversa, não o fim. Isso requer que o formador de opinião defenda a ideia de que sua crença não é imutável; que ela poderia ser emendada se um novo conjunto de fatos e circunstâncias surgisse. Quando alguém diz "Bem, essa é a minha opinião", eles geralmente estão fechando qualquer discussão sobre o assunto em questão. Eles estão criando um conflito sem vencedor, um conflito contraditório ou se refugiando em seu *bunker* e se preparando para passar ileso por qualquer ataque.

Opiniões e crenças são apenas pensamentos que têm sido fortalecidos em nossas mentes. Precisamos estar abertos à possibilidade de que elas possam estar erradas.

Os bons cientistas fazem isso naturalmente. O método científico significa propor uma hipótese, uma teoria, e depois procurar evidências empíricas para provar ou refutar essa teoria. Os bons cientistas estão "errados" o tempo todo. Eles gostam de estar errados porque é assim que eles aprendem. É assim que eles progridem. É assim que eles são bem-sucedidos. Bons cientistas são bem-sucedidos quando conseguem um "fracasso" após o outro.

Opiniões e crenças são apenas pensamentos que têm sido fortalecidos em nossas mentes.

As histórias que contamos a nós mesmos não são "a verdade". Tampouco são nossas opiniões. Por exemplo, se continuamente dissermos a nós mesmos que seremos culpados pela maneira como as coisas funcionam atualmente se nos rendermos à mudança, isso acabará se tornando uma crença, um "fato enraizado" em nossas mentes, e nos fará recuar em novas ideias e até mesmo atacar aqueles que as estão propondo.

O mesmo vale quando se trata de qualquer questão social, política ou religiosa importante. Simplesmente aventar a ideia de que nossas opiniões e crenças a respeito das mudanças climáticas, estrangeiros, islamismo, cristianismo, judaísmo... podem não ser inteiramente exatas seria um passo incrivelmente esclarecedor. Nosso mundo seria, de repente, um lugar muito diferente.

Se começarmos a ver nossos pensamentos e nossas crenças como teorias ainda não verificadas em vez de verdades universais que estão entrelaçadas com nossa identidade; se considerarmos nossos pensamentos e nossas crenças como histórias incompletas, podemos começar a estar abertos a todo tipo de novas possibilidades.

Podemos abrir a porta para uma mudança positiva.

O poder da autoconfiança

Ironicamente, uma chave que favorece nossa capacidade de superar as barreiras que erguemos para mudar é uma crença: uma crença em você mesmo. Porque nós só mudamos se quisermos. E você só vai querer mudar quando acreditar que deve — e pode.

A autoconfiança é uma força que cria maravilhas. A Apple, o primeiro negócio do mundo de um trilhão de dólares, foi o resultado de dois homens que acreditavam que poderiam mudar o mundo — Steve Jobs e Steve Wozniak. O segundo negócio do mundo de um trilhão de dólares, a Microsoft, também foi o resultado da crença de Bill Gates em si mesmo. Idem com a Amazon e Jeff Bezos. J. K. Rowling acreditava tanto em si mesma que inventou novos mundos e novos personagens que cativaram o planeta, vendendo quinhentos milhões de livros, um bilhão de blocos de Lego e criando uma das franquias cinematográficas de maior sucesso da história.

> Para superar qualquer barreira à mudança, especialmente quando se trata de grandes mudanças, precisamos cavar fundo e encontrar a parte central de nós que é única e forte.

Para superar qualquer barreira à mudança, especialmente quando se trata de grandes mudanças, precisamos cavar fundo e encontrar a parte central de nós que é única e forte — e todos nós a temos. Precisamos então gostar e valorizar o que descobrimos para que possamos construir a partir disso. Precisamos acreditar que podemos superar as barreiras à nossa frente. Precisamos confiar em nosso "verdadeiro eu", confiar em nossa capacidade de lidar com as mudanças, confiar em nossa capacidade de aceitar a mudança e buscar oportunidades, confiar em nossa capacidade de "sucesso"; no entanto, optamos por definir "sucesso".

Mas essa confiança precisa ser uma confiança com "olhos bem abertos" — uma confiança baseada na compreensão de nossas próprias limitações e na apreciação dos desafios que temos pela frente. A confiança cega é vazia. A confiança com "olhos bem abertos" é sustentável, pois se baseia em uma avaliação dos pontos fortes e dos desafios — e no trabalho duro.

E a confiança com "olhos bem abertos" é inteiramente justificada, pois ela está dentro de cada um de nós. Cada um de nós tem a capacidade de ser nosso próprio catalisador de mudança.

Pausa para reflexão

Até agora, já cobrimos muito terreno nesta parte. Portanto, vamos fazer uma pausa e rever alguns dos pontos principais.

Cada um de nós ergue barreiras para mudar. As barreiras vão variar dependendo da mudança em questão e cada um de nós favorecerá uma ou duas barreiras padrão — nossas barreiras de mudança de "largada", se você quiser.

O primeiro passo para superar qualquer barreira de mudança é acender a luz e reconhecer sua existência. Mas devemos fazer isso de uma forma que não faça juízos de valor. Não é culpa nossa que erguemos barreiras para mudar. É a forma como fomos "montados". Isso é inteiramente normal. Às vezes, é até saudável. Afinal de contas, nem toda mudança é "boa". Mas mesmo quando uma mudança é "ruim", devemos reagir a ela — e como reagimos pode fazer toda a diferença. Teremos que superar nossas barreiras para mudar.

A seguir, um breve resumo de como fazer isso:

- admitir a negação;
- observar nossas emoções — STOP;
- confrontar nossos medos:
- medo do fracasso: colocar as coisas em perspectiva; dividi-las em partes;
- medo da culpa: tornar-se parte da solução;
- medo do desconhecido: tornar o desconhecido familiar.
- encontrar boas tribos;
- reformular nossa identidade;
- testar nossas dúvidas;

- desapegar de nossos pensamentos negativos — vê-los como as histórias que são.

A Figura 21.1 é um modelo que define uma estratégia de mudança que você pode baixar e utilizar.

FIGURA 21.1 Modelo para estratégia de mudança

Superando as barreiras que erguemos para mudar — **change | strategy** www.changeandstrategy.com

Obstáculos à mudança	Reflexões e pontuação até 10	Táticas para superar a barreira	Ações
Negação		Admitir a negação	
Emoções		Observar suas emoções	
Medo do fracasso		Colocar as coisas em perspectiva	
Medo da culpa		Ser parte da solução	
Medo do desconhecido		Tornar o desconhecido familiar	
Medo dos outros		Encontrar boas tribos	
Identidade		Encontrar a ajuda de que você precisa	
Dúvidas		Testá-las antes de aceitá-las	
Pensamentos negativos		Vê-los como as histórias que são	

Baixe este modelo [em inglês] em www.changeandstrategy.com

CAPÍTULO VINTE E DOIS

O poder da ioga

A mudança não é algo que devemos temer. Ao contrário, é algo que devemos saudar. Pois, sem mudanças, nada neste mundo jamais cresceria ou floresceria, e ninguém neste mundo jamais avançaria para se tornar a pessoa que está destinado a ser.

BKS IYENGAR[1]

Se você deseja melhorar sua capacidade de lidar com a mudança e aceitá-la, é muito difícil encontrar uma solução melhor do que a ioga.

A ioga ajuda a liberar a tensão em sua mente e corpo. Ela nos ajuda a colocar as coisas em perspectiva e a acalmar nossa mente — pois é somente quando nossa mente está calma que podemos descobrir como vamos reagir à mudança. E, como já discutimos muitas vezes ao longo do livro, a maneira como reagimos à mudança é o ingrediente secreto que pode fazer toda a diferença.

> A maneira como reagimos à mudança é o ingrediente secreto que pode fazer toda a diferença.

Eu pedi a assistência de uma especialista para me ajudar neste capítulo — minha esposa, Jane — que é professora, desde 2005, e terapeuta, desde 2012, de ioga qualificada. Ela realiza aulas e sessões de ioga terapêutica em seu estúdio em Oxfordshire e organiza retiros ao longo do ano em vários locais do mundo, incluindo Querala, Marraquexe, Maiorca, Bali e Cornualha. Ela também é examinadora no Campus de Ioga de Londres.

Jane ajuda seus clientes a se tornarem física e mentalmente mais fortes. Ela auxilia as pessoas a se ajudarem na recuperação de grandes e dramáticas mudanças da Plataforma em Chamas — ansiedade, depressão, morte de um ente querido, câncer, lesões físicas...

As páginas a seguir são o resumo da minha entrevista com Jane sobre o poder da ioga para nos ajudar a aceitar até mesmo as mudanças mais desafiadoras em nossas vidas.

Os princípios da ioga

A ioga é baseada em dois princípios fundamentais:

1. Abhyasa: a necessidade de praticar e tornar-se adepto do alcance de um estado de completa tranquilidade, de estar em um lugar estável.
2. Vairagya: o desapego, o abandono de aversões, medos, falsas identidades, a necessidade de coisas materiais, pois esses fornecem um véu sobre nosso verdadeiro eu.

O objetivo real das posturas físicas, das poses de ioga, dos asanas, é nos ajudar a nos tornarmos fortes e livres de distrações físicas, para que possamos acalmar nossa respiração e alcançar um estado de tranquilidade.

Então, podemos começar a nos desapegar, a perceber que nossos pensamentos são apenas pensamentos — e que eles não nos definem. Podemos simplesmente observá-los sem nos apegarmos emocionalmente a eles.

Ela nos ajuda a não nos identificarmos com "apegos" — tanto físicos quanto mentais. Liberta-nos de nosso "condicionamento" embutido. Todos nós somos condicionados por nossas memórias, nossa formação, nossa educação, nossas experiências. A ioga pode nos ajudar a identificar nosso verdadeiro eu dentro de um lugar calmo, tranquilo e sereno. Pode nos ajudar a descobrir a verdadeira essência de quem realmente somos.

Muitas vezes começo uma aula noturna com uma prática simples para ajudar as pessoas a acalmar a "tagarelice de suas mentes", como disse Patanjali.[2] Meus alunos têm estado ocupados o dia todo e suas mentes ainda estão ocupadas — pensando em seu dia ou na briga que tiveram com seu parceiro ou na confusão da hora do jantar de seus filhos — seus cérebros estão zumbindo. Então eu digo: "Pode ser que você esteja aqui fisicamente, mas não mentalmente. Sua mente não está aqui. Ou está no passado ou no futuro. E a ioga diz respeito a estar no momento presente."

Durante os primeiros minutos de uma aula, convido todos a "aterrissarem em seus tapetes". Peço-lhes que se deitem, se concentrem em sua respiração e se conectem com o que sentem em seu corpo. Permitir que a mente se concentre no físico leva a mente ao presente e ajuda o corpo a se acalmar. Uma transformação surpreendente ocorre em apenas alguns minutos; sua respiração abranda, seu corpo se desenrola e quase sinto o zumbido em sua mente começar a se desvanecer.

Se nossa mente está agitada, nossa respiração tende a ser rápida e rasa e nosso corpo começa a ficar tenso. É impossível acalmar a mente se seu corpo está se sentindo preso, tenso ou desconfortável; se sua respiração é rasa ou rápida. Para acalmar o corpo, devemos acalmar a mente — e vice-versa. A mente e o corpo são dois lados da mesma moeda.

Quando nos preocupamos, temos tendência a ruminar; nossos pensamentos vagueiam incessantemente em nossas cabeças. Às vezes não conseguimos desligar nossos cérebros à noite e temos dificuldade para dormir, o que, naturalmente, só piora a situação. Pode até chegar ao ponto em que esses pensamentos ruminantes induzem a ansiedade ou ataques de pânico. Às vezes, tomamos álcool ou comprimidos para dormir para tentar parar a ruminação incessante. Mas isso é apenas uma solução temporária. Às vezes buscamos coisas materiais; compramos um carro esportivo ou um barco na vã esperança de que essas coisas façam diferença. Mas elas não fazem. Muitas vezes, elas são apenas grandes e caros band-aids.

Separando você de seus pensamentos

Nossos pensamentos não são nós. Eles são impermanentes. No entanto, com demasiada frequência os deixamos nos definir. A solução é poder ver esses pensamentos pelo que eles são e fazer o que podemos para acalmar o corpo, acalmar a mente e nos desapegar deles; reconhecer sua presença e observá-los — sem julgamento. Nesse simples ato de observação, percebemos que nossos pensamentos não são nós. São entidades completamente separadas.

Pensamentos se infiltram em nossas mentes o tempo todo. Não lute contra eles. Deixe-os entrar. Por todos os meios, receba-os na porta da frente, mas abra a porta de trás para que eles possam sair tão rapidamente quanto eles vieram. Se você não der sua atenção e sua energia a seus pensamentos negativos eles diminuirão. Eles podem até sumir completamente.

Aprendi uma técnica simples, porém poderosa, com um excelente curso de Michael Stone.[3] Em vez de dar aos nossos pensamentos classificações como "raiva" ou "medo", sua sugestão era simplesmente classificá-los como "pensamento de pensamento" ou "reação de reação". Fazendo isso, eles perderão sua força; tire a emoção deles, impeça-os de se tornarem pessoais.

Um pensamento negativo não é o *seu* pensamento. É apenas *um* pensamento.

Um pensamento negativo não é o *seu* pensamento. É apenas *um* pensamento.

Separando a pessoa da dor, enfermidade ou doença

O conceito de desapego é fundamental para a terapia de ioga. Se alguém está muito doente e está com dor há muito tempo, tende a se identificar com a dor; tende a se identificar com a enfermidade. A dor ou a doença começa a fazer parte de sua identidade: "Eu sou alguém com dores crônicas nas costas." "Eu sou alguém com câncer." O que eu ajudo meus clientes de ioga terapêutica a fazer é mudar de atitude em relação a esses pensamentos.

Eu amo o que Hipócrates[4] afirmou há quase 2,5 mil anos: "É mais importante saber quem tem a doença do que qual doença a pessoa tem."

Como terapeuta de ioga, meu trabalho é tentar separar meu cliente de sua enfermidade; separá-los de sua dor.

Muitas vezes, os clientes têm se cansado de pensar repetidamente sobre sua enfermidade. Portanto, eu primeiro os ajudo a praticar posturas que possam ajudar seus corpos a se sentirem melhor — concentrando-me no que eles *podem* fazer e não no que eles *não podem* fazer.

Uma vez que começam a se sentir melhor fisicamente, eles podem então se concentrar em sua respiração. A respiração de alguém que é apanhado pela dor tende a ser superficial e rápida. A respiração ansiosa gasta mais energia do que oferece em troca ao nosso corpo.

Quando nos sentamos em silêncio e respiramos profunda e lentamente, somos capazes de encontrar aquele belo ponto imóvel. Assim, ajudo meus clientes a se concentrarem na expiração (as pessoas tendem a esquecer de expirar); a respirar usando seu diafragma; a inspirar pelo nariz e a expirar por entre os lábios, visualizando que há um pequeno fio dourado que se estende da boca — todas as técnicas para focar a mente para longe da dor e estar no momento presente.

O objetivo de técnicas de *mindfulness* como essas é ajudar alguém com dor crônica a viver com a dor; a viver com a doença. Eu não consigo tirar-lhes a dor. Não sou um analgésico, sou uma terapeuta de ioga. Eu lhes peço: "Olhe para a dor. Sente-se com ela. Observe-a. Ande ao redor dela como se estivesse andando em torno de uma bela escultura. Olhe de cima. Olhe para ela de baixo. Olhe para ela pelos lados. Depois comece a observá-la como ela é. Não dê a ela o status que ela deseja."

Fazendo isso, podemos começar a olhar objetivamente e começar a pensar: "Sim, isso é dor, mas na verdade, está tudo bem."

As pessoas não só se sentem diferentes após uma sessão de ioga terapêutica como também podem parecer fisicamente diferentes — elas parecem mais calmas, a cor volta para suas bochechas, elas sorriem. Muitas vezes terminam muito diferente daquela pessoa que entrou pela porta. Mas elas precisam continuar praticando, e é por isso que, como terapeutas de ioga, fornecemos a nossos clientes uma prática escrita para usar em casa. A prática regular pode ajudá-los a alcançar uma mudança permanente em seu estado de espírito e corpo.

Parinama: o reconhecimento de que as coisas estão sempre mudando

A ioga nos ensina a usar nossa energia, nossa inteligência e nossa consciência para reconhecer que as coisas estão sempre mudando e depois fazer escolhas que nos ajudam a lidar com isso ou a fazer essa mudança.

Ela nos ajuda a dizer: "Bem, esta mudança está acontecendo comigo. Posso não gostar, mas voltemos ao fato de que a mudança é inevitável. O importante é como eu reajo à mudança."

Se eu for apanhado pela raiva, medo, ressentimento ou pensamentos negativos, então eu não vou reagir muito bem à mudança. Provavelmente vou empurrar isso para longe, talvez mesmo dizendo e fazendo coisas que eu não deveria. Quando se trata de grandes mudanças que nos foram impostas, a negatividade pode assumir o controle.

A ioga nos ajuda a ver nossos pensamentos e emoções objetivamente e a ver o panorama geral.

A ioga ajuda as pessoas a dar um pequeno passo atrás; a respirar fundo, fazer uma pausa e depois dar outra olhada na situação. Talvez não seja tudo ruim. Talvez até mesmo algum bem venha da mudança.

A ioga nos ajuda a ver nossos pensamentos e emoções objetivamente e a ver o panorama geral. Ela nos ajuda a abordar a mudança como um observador independente, não como alguém que é vítima dela.

Isso nos ajuda a acolher a mudança.

Jane Macpherson
www.janemacphersonioga.co.uk

PARTE CINCO

Seja seu próprio Catalisador de Mudança

Ninguém nos salva, a não ser nós mesmos.
Ninguém pode e ninguém deve.
Nós mesmos devemos percorrer o caminho.
BUDA

Certo. Exploramos nossas barreiras pessoais para mudar e discutimos formas de superar cada uma delas.

Chegou a hora de agir. E você está no comando. Você terá que ser seu próprio líder de mudança. Ninguém é mais motivado ou mais adequado para o papel.

Portanto, com isso em mente, gostaria agora de compartilhar algumas habilidades, ferramentas e ideias adicionais que você pode achar valiosas em sua busca para aceitar a mudança:

1. resiliência;
2. criando condições favoráveis para a mudança (com HENRY);
3. encontrando a ajuda que você precisa;
4. ajudando os outros;

5. sua análise SWOT e plano estratégico;
6. trate a si mesmo como um projeto de mudança.

Vamos explorar cada um desses tópicos.

CAPÍTULO VINTE E TRÊS

Resiliência

Não me julgue pelo meu sucesso.
Julgue-me por quantas vezes eu caí e me levantei novamente.

NELSON MANDELA[1]

A resiliência, habilmente sustentada por sua parceira sinérgica, a "autoconfiança", é o ingrediente mais importante de uma mudança pessoal bem-sucedida e sustentável. É a marca d'água onipresente, a palavra muitas vezes não dita que permeia cada capítulo deste livro.

A resiliência é nossa capacidade de voltarmos a nos levantar quando o destino nos dá um duro golpe. É a nossa capacidade de lidar com os altos e baixos da vida. É a nossa capacidade de lidar com as mudanças e aceitá-las.

O ano de 2019 marcou o 75° aniversário dos desembarques do Dia D na Normandia; a ousada campanha que foi o momento em que o cenário europeu da Segunda Guerra Mundial começou a virar a favor dos aliados. Ao comemorar esse momento crucial da guerra, muitos eventos giraram em torno do heroísmo dos veteranos; aqueles que ainda estavam conosco foram o centro das celebrações oficiais.

Eles foram descritos em quase todos os jornais e em todos os boletins informativos como "a geração resiliente".

Os veteranos do Dia D eram corajosos, cheios de propósito — e sim, resilientes. Na verdade, esse termo poderia ser aplicado a toda a população britânica da época. Os britânicos eram resilientes diante de ataques aéreos, escassez de alimentos, doenças, pobreza, inúmeras mortes, violência inacreditável, destruição devastadora e a aniquilação potencial de sua democracia, de sua nação e de seu modo de vida. Obviamente, a resiliência não era e não é apenas um traço britânico; o mesmo adjetivo poderia ser usado para grupos de pessoas em toda a Europa durante esse período horrível de nossa história; um período que espero sinceramente que nunca mais voltemos a repetir. "Esperança" é a palavra mais positiva que posso encontrar aqui, pois o Brexit (e o presidente Trump) me deixou muito menos confiante em nossa capacidade de manter a paz internacional. Um dos pontos altos das comemorações do Dia D foram as lágrimas de veteranos exasperados com a decisão do Reino Unido de deixar a UE. Aqueles que realmente arriscaram suas vidas pela democracia britânica e pela paz em toda a Europa viram o que acontece quando tomamos a paz como certa. Eles não querem erguer nenhuma barreira à colaboração com seus vizinhos. Enquanto isso, aqueles fervorosamente a favor do Brexit usam a retórica da Segunda Guerra Mundial para incitar "o espírito Blitz" e retratam o Brexit como "Grã-Bretanha contra a UE". Boris Johnson, outrora ministro do Brexit e agora primeiro-ministro para talvez a próxima década, até comparou a UE à Alemanha nazista, acusou-a de "intimidar" a Grã-Bretanha e descreveu um projeto de lei para solicitar uma extensão da adesão à UE para evitar a saída "Sem Acordo" da união como "projeto de lei de rendição". A principal diferença é, naturalmente, que os veteranos do Dia D estavam lutando *pela* Europa, não contra ela. Diante da constante mudança, de uma magnitude e ferocidade que minha geração e aqueles mais jovens do que eu achava quase impossível de imaginar, eles eram resilientes. Eles se mantiveram calmos e continuaram.

Enquanto assistia às comemorações do Dia D, esta palavra, resiliência, trouxe lembranças. Para enfrentar as mudanças, todos nós devemos ter resiliência. A mudança é inevitável. Mudanças "ruins" nos acontecerão. Mudanças "boas" também nos acontecerão. Nós mesmos instigaremos a mudança — e nem todas essas mudanças funcionarão como tínhamos previsto. Consequentemente, uma das habilidades mais importantes é... a resiliência.

Para enfrentar as mudanças, todos nós devemos ter resiliência. A mudança é inevitável.

Isso me fez pensar se as gerações que seguiram a Segunda Guerra Mundial tornaram-se progressivamente menos resilientes. À medida que nos tornamos progressivamente mais ricos; à medida que o racionamento de alimentos se transformou em abundância; à medida que doenças fatais estão sendo erradicadas; à medida que os antibióticos impediram infecções anteriormente fatais; à medida que a esperança de vida aumentou dramaticamente; à medida que nossos padrões de vida melhoraram de uma geração para outra ... cada geração também se tornou menos resiliente que sua antecessora?

A geração dos meus avós, a geração que viveu a Segunda Guerra Mundial, nasceu há mais de um século, antes dos antibióticos e da vacinação generalizada; uma era em que a expectativa média de vida de um recém-nascido não ultrapassava os quarenta anos. As infecções poderiam ser fatais, assim como o parto para a mãe e o filho. Se você sobrevivesse aos primeiros cinco anos, infecções, doenças, desnutrição e guerra estavam esperando por você. Eles "conseguiram" passaram por isso, estabeleceram expectativas "baixas" (se você pode chamar de luta pela paz mundial uma expectativa baixa...) e raramente reclamavam.

A geração de meus pais chegou à idade adulta nas décadas de 1950 e 1960 e criou um mundo corajoso de prosperidade explosiva. Eles colocaram um homem na Lua e, se fossem velhos demais para serem convocados para lutar uma guerra inescrupulosa no Vietnã (para os leitores australianos e norte-americanos), desfrutaram de um período surpreendente de relativa paz global. Mas atenção, eles chegaram muito perto da guerra nuclear em algum momento!

Minha geração chegou à idade adulta nos ambiciosos anos 1980, descobriu cartões de crédito, abraçou dívidas, propriedade imobiliária, viagens internacionais, investimentos alavancados, computadores, aparelhos de fax, DVDs, CD-ROMs, e-mail, telefones celulares e a internet. Para a grande maioria de nós, a guerra é um horror inimaginável que é ao mesmo tempo intangível e surreal.

Nossos filhos cresceram em um mundo que seus bisavós dificilmente poderiam imaginar; um mundo de abundância, de poder sem precedentes na ponta dos dedos, de interconectividade global, de ciência que se parece cada vez mais com magia a cada dia, de escolhas desconcertantes, de potencial quase ilimitado em comparação com a era da guerra.

Cada geração — como a paz relativa, a prosperidade e a longevidade avançaram — se atreveu a sonhar cada vez mais. Em comparação com os veteranos do Dia D, talvez seja inevitável que nos tenhamos tornado um pouco “mais suaves”. Mas talvez essa seja a maneira errada de ver as coisas. Os desafios de muitos da geração atual podem não ser “vida ou morte” imediata; seus desafios estão em níveis mais altos da hierarquia de Maslow.[2] Enfrentar os desafios de hoje requer um tipo diferente de resiliência. Talvez as qualidades de estoicismo e paciência preternatural que os veteranos da Segunda Guerra Mundial precisavam em 1940 não sejam as melhores ferramentas para o sucesso em 2020. Talvez os millennials sejam tão resistentes quanto seus antepassados — mas a natureza da resiliência mudou.

Millennials: sensíveis ou salvadores?

Muitos dos comentaristas sociais de hoje olham para a mais recente geração chegar à idade adulta e veem um grupo “mimado, egocêntrico, sem foco e preguiçoso”;[3] uma geração que diagnostica doenças mentais com muita rapidez, que é muito preciosa e “politicamente correta”,[4] não querendo começar por baixo, não querendo “passar por dificuldades” e não querendo se prender a um trabalho que não gosta. Eles veem uma geração de pessoas “sensíveis”; uma geração que não está acostumada ao fracasso e que é muito frágil para lidar com contratempos. Eles veem uma geração que perdeu a arte da resiliência.

Antes de explicar por que discordo profundamente dessa avaliação condenatória e espúria de uma geração que não só admiro, mas acredito que realmente salvará este nosso planeta; antes de descartar essa crítica popular de millennials como simplista demais e simplesmente fácil demais — vamos dar uma olhada nos principais argumentos contra essa geração. É claro que toda história confiável é baseada em algum elemento de verdade; toda análise superficial é baseada, até certo ponto, em fatos que são inevitavelmente deturpados no processo...

O argumento "millennials são sensíveis" é algo assim...

Os millennials estão sujeitos a várias "estratégias de paternidade fracassadas".[5] Minha geração é acusada de criar nossos filhos para acreditar que eles podem fazer qualquer coisa; que tudo é possível. Em outras palavras, somos acusados de estabelecer expectativas irrealistas, condenando-os assim quase certamente à decepção e ao fracasso. Para piorar a situação, também somos acusados de nunca deixar nossos filhos experimentarem o fracasso (prêmios de consolação, fitilhos para o quarto lugar...) de modo que, quando eles não corresponderem a suas expectativas irrealistas, eles se estrepem.

Essa última geração foi criada para acreditar que, se eles trabalham duro, obtêm boas notas e obtêm um bom diploma, "o mundo é sua ostra".[6] Portanto, o argumento é que, quando nossos queridinhos finalmente chegam ao mundo do trabalho, eles experimentam um choque imenso quando descobrem que têm que começar por baixo, que "eles não são especiais, suas mães não podem lhes conseguir uma promoção, que você não recebe nada por ter chegado em último e, a propósito, você não pode simplesmente ter as coisas porque você quer".[7]

> Estar sempre conectado e sempre distraído prejudica a calma, o tempo ocioso e a inovação.

É certamente verdade que a última geração cresceu em um mundo de gratificação instantânea e conectividade 24/7 — nenhum dos quais é particularmente saudável por si só, mas juntos eles são uma combinação tóxica. Estar sempre conectado e sempre distraído prejudica a calma, o tempo ocioso e a inovação.

Também é verdade que a dependência e o vício dos telefones celulares são questões sérias, e essa geração é a primeira a experimentar isso. Em sua entrevista para a *Inside Quest*, Simon Sinek fala sobre um estudo de Harvard de 2012 que relatou que "falar de si mesmo através das mídias sociais ativa uma sensação de prazer no cérebro (por meio de um pico de dopamina) geralmente associada à comida, dinheiro e sexo". A dopamina é altamente viciante. Ele também afirma que, embora as crianças saibam que suas "amizades" on-line são superficiais, "o trauma para as crianças que são excluídas em redes sociais pode ser imenso".

Simon retrata um cenário de uma geração que é frágil, sem confiança, que nunca está satisfeita e é desprovida de resiliência; uma geração que tem sido "maltratada" e precisa de ajuda. Ele implora aos líderes empresariais que "ajudem essa geração incrível, idealista e fantástica a desenvolver sua confiança, aprender paciência e habilidades sociais, encontrar um melhor equilíbrio entre vida e tecnologia".

Quando assisti a sua entrevista pela primeira vez, aplaudi sua visão e análise. Após a reflexão, observei uma série de problemas — e cheguei a uma conclusão muito diferente.

Os millennials não são mais "mimados" do que os graduados de vinte anos atrás. Quando eu era gerente sênior da Andersen Consulting, no final dos anos 1990, cada novo lote de consultores altamente inteligentes e ambiciosos entrava na empresa com as expectativas muito altas. Eles não queriam preparar os slides para as apresentações. Eles queriam se apresentar ao CEO. Eles, também, não queriam começar de baixo. Mas eles rapidamente descobriram que, se desejavam ter sucesso, não havia outra maneira.

O que eu não gosto na análise é que ela pinta millennials como vítimas, o que é ao mesmo tempo falso e inútil. Eles não são vítimas de forma alguma. Eles têm sido tratados com a suposta "mão ruim" da paz, segurança, viagens pelo mundo, amor, afeto,[8] relativa abundância e incrível feitiçaria tecnológica — presentes incríveis que obviamente vêm com seu próprio conjunto de consequências e desafios. Sim, seus desafios são diferentes dos nossos, mas eles reconhecem esses desafios e estão se esforçando para superá-los — exatamente como nós fizemos e como fizeram nossos pais. Eles simplesmente fazem isso de uma maneira diferente, o que faz todo o sentido, uma vez que estão enfrentando desafios muito diferentes.

Sim, os desafios dessa última geração têm o potencial de afetar sua confiança e sua capacidade de formar relacionamentos significativos. Sim, eles precisam entender a diferença e encontrar um melhor equilíbrio entre a vida real e a tecnologia. Mas eles não estão apenas aprendendo isso, eles estão agindo de acordo com isso. Sim, eles são impacientes e idealistas — duas das coisas que eu mais amo neles.

E, claro, os líderes empresariais devem ajudar seus jovens trabalhadores a desenvolver confiança, paciência e habilidades sociais e melhorar o equilíbrio. Eles devem ajudar todos os trabalhadores a fazer isso!

É verdade que muitos líderes consideram seus funcionários millennials especialmente desafiadores, não apenas porque têm um conjunto de valores completamente diferente, mas também porque os valores são muito importantes para essa próxima geração — muito mais importantes do que eram para a geração que se juntou à força de trabalho durante a "Ganância é Boa!"[9] dos anos 1980.

Como mencionei na Primeira Parte, quando minha geração se juntou à força de trabalho, nós simplesmente queríamos ganhar a vida. Essa geração quer fazer a diferença. Se os valores de seus empregadores não corresponderem aos deles, ou se sentirem que os líderes da empresa não estão cumprindo com os valores corporativos declarados, ou se o objetivo da empresa não for maior que o lucro ou o valor para os acionistas, eles irão embora.

Ao contrário da minha, essa nova geração veio para o mundo do trabalho com um desejo ardente de equilíbrio entre trabalho e vida pessoal desde o início. Alguns da minha geração se desesperam com isso, e ainda assim sabem muito bem que é a abordagem certa — como temos lutado, e fracassado, para alcançá-la por décadas.

Sim, como uma generalização precipitada (como qualquer discussão de "gerações" inevitavelmente é), os millennials são impacientes; e ficam facilmente entediados. Bom para eles. Eu não vejo isso como negativo. Eu vejo isso como ambicioso. Essa geração não terá apenas vários empregos em sua vida; eles terão várias carreiras completamente diferentes. Eles trabalham no que querem e então, em vez de se manterem em um emprego que não está indo na direção certa, eles encontram um emprego que está.

Quando se trata de "lealdade do empregador", eles são muito mais espertos do que nós éramos na idade deles. Eles entraram na força de trabalho com o pleno entendimento de que a era dourada da lealdade do funcionário e do empregador acabou. Eles iniciaram a primeira de suas muitas carreiras com seus olhos bem abertos. Eles viram sua geração de pais sendo demitidos num piscar de olhos e sem assistência adequada. Eles têm visto inúmeros magnatas empresariais abusarem de leis corporativas inadequadas para roubar a previdência, o emprego e ou a esperança de seus até então leais funcionários. Às vezes, roubam as três coisas.

Essa geração não dependerá da "lealdade" de seus empregadores. Eles sabem que seu futuro está nas mãos deles. Eles terão inúmeros empregadores. Eles trocarão a jornada de oito horas de trabalho por um emprego de meio-período e então voltarão a trabalhar oito horas. Eles se tornarão empreendedores. Eles farão pausas na carreira. Isso requer uma forma de resiliência que é estranha às gerações anteriores. A geração dos meus avós suportou uma quantidade imensa de dificuldades. Eles eram leais — à sua nação e a seus empregadores. A resiliência deles era estoica. Os millennials têm uma mentalidade internacional e não suportam uma carga de tolices desonestas de seus empregadores.

A era dourada da lealdade do funcionário e do empregador acabou.

Sua forma de resistência baseia-se em algo que se poderia argumentar ser ainda mais valioso — a autoconfiança.

Estratégias para aumentar sua resiliência

Se quisermos melhorar nossa capacidade de lidar com as mudanças e aceitá-las, precisamos desenvolver nossa resiliência — independentemente de nossa idade, origem ou situação. A Associação Americana de Psicologia (APA) conclui que os fatores-chave associados à resiliência são:

- a capacidade de fazer planos realistas e de tomar medidas para realizá-los;
- uma visão positiva de si mesmo e confiança em seus pontos fortes e habilidades;
- as habilidades em comunicação e resolução de problemas;
- a capacidade de administrar sentimentos e impulsos fortes.

Eles também afirmam que "todos esses são fatores que as pessoas podem desenvolver em si mesmas".[10]

Obviamente, todos nós somos diferentes; uma abordagem para construir resiliência que funcione para uma pessoa pode não funcionar para outra.

Mas listo uma série de dicas, cortesia da APA e da Clínica Mayo:[11]

- **Permaneça esperançoso**. Você não pode mudar o passado, mas pode olhar para o futuro. Aceitar e até mesmo antecipar a mudança facilita a adaptação e a visão de novos desafios com menos ansiedade.

- **Faça conexões**. As relações são importantes. Aprender a aceitar ajuda e o apoio de outros fortalecerá sua resiliência.

- **Escolha como você reage**. Mesmo a maior das crises não é um problema insuperável. A APA declara: "Você não pode mudar o fato de que eventos altamente estressantes aconteçam com você, mas pode mudar a forma como você interpreta e responde a esses eventos."

- **Aceite que a mudança é parte da vida**. Certas metas podem não ser mais alcançáveis como resultado de situações adversas. Aceitar circunstâncias que não podem ser mudadas pode ajudá-lo a se concentrar em circunstâncias que você pode alterar.

- **Mantenha as coisas em perspectiva**. Mesmo diante de eventos muito dolorosos, tente considerar a situação estressante em um contexto mais amplo e mantenha uma perspectiva de longo prazo. Evite exagerar no evento.

- **Avance em pequenos passos**. Avance em direção a seus objetivos. Desenvolva algumas metas realistas. Faça regularmente algo — mesmo que pareça uma pequena realização — que lhe permita avançar em direção a seus objetivos. Em vez de se concentrar em tarefas que parecem inatingíveis, pergunte-se: "O que eu sei que posso realizar hoje que me ajuda a seguir na direção que eu quero?"

- **Tome medidas decisivas**. Aja em situações adversas o máximo que puder. Tome decisões, em vez de enterrar sua cabeça na areia e esperar que os problemas desapareçam.

- **Torne cada dia mais significativo**. Faça algo que lhe dê uma sensação de realização e propósito todos os dias. Estabeleça objetivos para ajudá-lo a olhar para o futuro com sentido.

- **Aprenda com a experiência**. Pense em como você lidou com as dificuldades no passado. Considere as habilidades e estratégias que o ajudaram a atravessar tempos difíceis. Você pode até escrever sobre experiências passadas em um diário para ajudá-lo a identificar padrões de comportamento positivos e negativos — e orientar seu comportamento futuro.

- **Procure oportunidades para a autodescoberta**. As pessoas frequentemente aprendem algo sobre si mesmas e podem descobrir que elas cresceram em algum aspecto como resultado de sua dificuldade para lidar com mudanças difíceis. Muitas pessoas que passaram por tragédias e dificuldades relataram melhores relacionamentos, maior senso de força mesmo se sentindo vulneráveis, maior senso de autoestima, uma espiritualidade mais desenvolvida e maior apreciação pela vida.

- **Nutra uma visão positiva de si mesmo**. Desenvolver confiança em sua capacidade de resolver problemas e confiar em seus instintos ajuda a construir resiliência.
- **Cuide de si mesmo**. Preste atenção às suas próprias necessidades e sentimentos. Envolva-se em atividades que você aprecia e encontre relaxamento. Exercite-se regularmente. Cuidar de si mesmo ajuda a manter sua mente e seu corpo preparados para lidar com situações que requerem resiliência.
- **Seja proativo**. Não ignore seus problemas. Em vez disso, descubra o que precisa ser feito, faça um plano e tome medidas. Embora possa levar tempo para se recuperar de um grande revés, evento traumático ou perda, saiba que sua situação pode melhorar se você se esforçar.

CAPÍTULO VINTE E QUATRO

Criando condições favoráveis para a mudança

O trabalho principal de um líder de mudança é ajudar as pessoas a querer mudar, e depois ajudá-las a descobrir como.
Você pode ser seu próprio líder de mudança.

CAMPBELL MACPHERSON

HENRY

"Início saudável, futuro mais brilhante."

Gostaria de lhes apresentar a HENRY, uma notável instituição de caridade britânica que tem a missão de "apoiar as famílias para proporcionar um começo saudável e feliz para seus filhos e lançar as bases para um futuro mais brilhante".[1]

Eles fornecem um oportuno apoio a famílias vulneráveis em comunidades carentes, ajudando a construir suas habilidades, conhecimento e confiança para dar a seus filhos um começo saudável, ajudando-os a florescer durante toda a infância e além dela. Isso ajuda a proteger as crianças da obesidade, da extração de dentes, do mal-estar mental e muito mais.

O aspecto de seu trabalho sobre o qual quero falar neste capítulo são seus esforços para combater a obesidade infantil. Eles ajudam os pais a mudar. Eles os ajudam a querer mudar. E eles os ajudam a agir. Eles lhes dão o porquê e o como, mas talvez mais importante que tudo — eles ajudam os pais a remover obstáculos e a criar o ambiente certo para que a mudança possa acontecer.

FIGURA 24.1 A abordagem HENRY

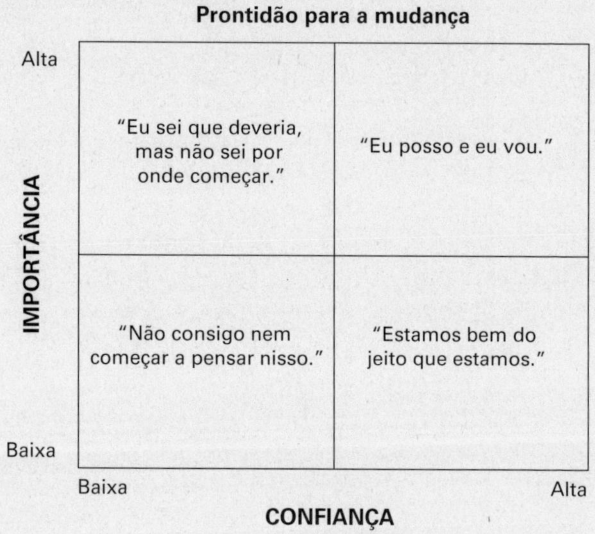

Sua abordagem começa com a premissa de que a resistência à mudança é "natural e não patológica", o que retira totalmente a culpa da discussão. Eles observam que todos nós, vez ou outra, procrastinamos, apresentando desculpas, justificando a inação ou simplesmente enterrando nossas cabeças na areia, mesmo quando podemos ver que quebrar velhos hábitos teria sido o melhor para nós.

Voltamos à piada sobre troca de lâmpadas — temos que querer mudar.

A HENRY usa uma matriz 2x2 para ilustrar a prontidão para mudanças (Figura 24.1).

Esse simples diagrama mostra que, se não for realmente importante para alguém, ele simplesmente não vai mudar. Como um visitante da HENRY descreve uma interação: “Eu sento ali e lhe dou conselhos e eu sei que ela não vai seguir nada daquilo.”

Há um segredo oculto por trás dos dois eixos na matriz acima que os praticantes da HENRY compreendem plenamente — os fatos por si só não aumentarão os níveis de importância ou confiança. Não apenas precisamos entender por que e como mudar é importante, como também precisamos do desejo de mudar.

Os profissionais da HENRY trabalham em todos esses níveis. Eles transmitem o conhecimento da razão pela qual a mudança deve ocorrer, os fatos do que fazer e a compreensão de como provocar a mudança, além de trabalharem com os pais para ajudá-los a desenvolver o genuíno desejo de mudança.

Não apenas precisamos entender por que e como mudar é importante, como também precisamos do desejo de mudar.

Como e quando fazem isso é muitas vezes mais importante do que as informações que transmitem:

> Se um pai está enfrentando dificuldades para lidar com a situação, se apressar com muitos conselhos, por mais bem-intencionados que sejam, é provável que aumente os sentimentos de sobrecarga emocional, vergonha ou culpa. Nosso desejo de ajudar pode inadvertidamente afastar os pais: incitá-los a fazer mudanças em seu estilo de vida familiar pode muito bem ser visto como uma crítica à maneira como estão educando seus filhos e é provável que isso seja recebido na defensiva.[2]

Os profissionais da HENRY são ensinados a procurar e a lidar com a resistência subjacente à mudança. “Por exemplo, se um pai está muito sobrecarregado para mudar, podemos nos concentrar em ajudá-lo a reduzir o estresse. Se lhe faltar confiança, ajudá-lo a reconhecer seus pontos fortes desenvolverá autoconfiança.” Às vezes, encarar o problema simplesmente não vai funcionar.

Não é tão simples quanto dizer aos pais para cozinhar mais, cortar doces, oferecer a seus filhos uma dieta equilibrada e ajudá-los a fazer mais exercício. Embora isso seja inteiramente lógico, como já discutimos muitas vezes, nós humanos não funcionamos dessa maneira.

Os profissionais da HENRY exploram um amplo conjunto de questões relacionadas que afetam o peso e a saúde de uma criança. Eles exploram o contexto social e cultural, os hábitos e atitudes padrão da família, habilidades parentais, questões médicas, nutrição, níveis de atividade e comportamentos, assim como o desenvolvimento físico e emocional das crianças. Em outras palavras, eles realmente fazem seus deveres de casa sobre cada fator-chave que pode estar influenciando os hábitos alimentares da criança. Não adianta tentar chegar a uma solução até que o problema tenha sido completamente diagnosticado. Assim, os profissionais da HENRY ajudam os pais a analisar todos os fatores que podem estar contribuindo para a obesidade de seus filhos — e depois descobrir o que e como mudar.

Eles revisam o contexto social e cultural (acessibilidade de alimentos frescos perto de casa, costumes religiosos e culturais que afetam a forma como a família come, oportunidades para atividades e brincadeiras ao ar livre, preocupações financeiras e padrões de mudança de emprego). Eles analisam se a família se senta e come junto, como eles passam seu tempo livre, como a comida é utilizada e as atitudes em relação à alimentação da família. Eles observam sua confiança como pais, a abordagem das regras e a influência de outros membros da família. Eles observam a saúde mental e as dificuldades de aprendizado. Analisam as habilidades alimentares, o comportamento durante as refeições, a resolução de conflitos e os hábitos de sono. Então, munidos dessa visão detalhada, os profissionais da HENRY ajudam os pais a criar as condições certas para que a mudança ocorra.

As pessoas não mudam porque lhes é dito para mudar. Elas mudam porque e quando elas querem. Para ajudar a transformar esse desejo em ação, precisamos de um ambiente de apoio e do espaço e oportunidade para pensar como podemos remover os obstáculos à mudança e como podemos criar hábitos. Note que não é o profissional da HENRY que está fornecendo todas as respostas; é o pai. Será que eles acham que a redução do tempo no celular e computadores ajudaria? Comer como uma família? Envolver as crianças na cozinha? Substituir os doces por pedaços de cenoura? Comer mais cedo?

Às vezes, as melhores soluções são as menos esperadas. Uma mãe fez uma enorme diferença para seus filhos simplesmente mudando o caminho que ela percorria a pé da escola para casa todas as noites — um caminho que não passava pelo KFC.

Que obstáculos à mudança você poderia remover para si mesmo? Que rituais e rotinas estão atualmente atrapalhando a mudança que você sabe que precisa? O que você poderia fazer para criar um ambiente melhor que ajudasse, e não impedisse, a mudança?

Qual é o seu equivalente a "não mais passar pelo KFC"?

CAPÍTULO VINTE E CINCO

Encontrando a ajuda de que você precisa

Eu pedi ajuda, o que é a coisa mais difícil do mundo.

MARCIA WALLACE[1]

Vimos no último capítulo como é importante encontrar a ajuda de que precisamos para mudar. Sim, temos de assumir a responsabilidade de mudar, mas parte dessa responsabilidade inclui encontrar alguém para nos ajudar.

Se precisarmos de ajuda e ela não estiver em lugar algum, podemos muitas vezes desistir no primeiro obstáculo. Nossa resistência interna à mudança é forte assim.

> Todas as mudanças significativas envolvem a perda de algo.

Todas as mudanças significativas envolvem a perda de algo. Mesmo quando os ganhos superam as perdas, o ganho é líquido; por exemplo, se você receber uma promoção no trabalho, muito provavelmente seu salário aumentará, assim como suas responsabilidades e status, mas também é provável que você esteja saindo de sua zona de conforto. O medo de ter alcançado seu "Princípio de Peter" pode ser avassalador.[2] Toda mudança tem suas desvantagens, mesmo as boas. Uma boa mudança envolve assumir um risco e até mesmo um ganho líquido inclui uma perda de algum tipo.

Se realmente quisermos mudar, precisaremos enfrentar os demônios da mudança que discutimos nas Partes três e quatro: nossos medos, nossas emoções, nossas dúvidas, nossos pensamentos negativos, como vemos nossa identidade, o abatimento.

E é muito mais fácil se tivermos alguém que nos ajude a navegar na mudança.

"Seja forte o suficiente para ficar sozinho, inteligente o suficiente para saber quando você precisa de ajuda e corajoso o suficiente para pedir por ela".[3]

Ninguém é uma ilha. Todos nós precisamos de ajuda às vezes. Não há nada de errado com isso. É saudável. Se a pessoa ou entidade que está trazendo essa mudança até você não forneceu nenhuma assistência para lidar com ela, então cabe a você encontrar alguma. Encontre um coach, fale com amigos, encontre um terapeuta de ioga, leia e releia este livro e outros como ele — descubra de que ajuda você precisa e vá atrás dela.

Mesmo que seja você quem está instigando a mudança em si mesmo, você ainda descobrirá que a assistência é inestimável — fale com amigos, contrate um coach para auxiliá-lo. Vários cérebros são sempre melhores do que um.

Encontrar pessoas em tempos de estresse ou mudança é na verdade a coisa mais importante que qualquer um de nós pode fazer. Deixe-me dar-lhes um exemplo muito gráfico do porquê de isso ser verdade.

O suicídio é a maior causa de morte de homens com menos de 45 anos no Reino Unido. Cerca de cinco mil homens se matam a cada ano. E a única coisa que qualquer um deles poderia ter feito para salvar suas vidas era se abrir para alguém; conversar; pedir ajuda. Os pensamentos suicidas são desencadeados por grandes e negativas mudanças que são forçadas às pessoas. Os três maiores gatilhos são o luto, a perda financeira/trabalho e o término de um relacionamento. Obviamente, apenas um número muito pequeno de nós reage dessa forma, mas o número de pessoas que reagem está aumentando. A Clínica Ford nos Estados Unidos reduziu as taxas de suicídio entre seus pacientes em mais de oitenta por cento simplesmente ajudando-os a se abrir à família e aos amigos.

Falar com outras pessoas é poderoso.

CAPÍTULO VINTE E SEIS

Ajudando os outros

Ajude outras pessoas a realizar os sonhos deles e você realizará os seus.

LES BROWN[1]

Mudanças acontecem com todos. Pequenas mudanças às quais devemos nos adaptar, pequenas mudanças que escolhemos para crescer e desenvolver, grandes mudanças do "Salto Quântico" que provocamos a nós mesmos e enormes mudanças da "Plataforma em Chamas" que nos são impostas.

Casamento, divórcio, nascimento, morte, lesões, demissão, transtornos… cada um de nós experimenta mudanças.

Ajudar os outros a caminhar pela mudança não é apenas uma coisa maravilhosa a fazer por um semelhante, mas também é uma terapia altamente eficaz para nós mesmos — e geralmente aprendemos tanto, se não mais, quanto as pessoas que estamos ajudando. Um estudo relatou que pessoas que se descreveram como "muito felizes" se voluntariaram pelo menos cinco, oito horas por mês.[2] O relatório também descobriu que o voluntariado pode ajudar a reduzir os sintomas da dor crônica, assim como diminuir a hipertensão.

Além disso, pode nos ajudar a viver mais tempo! Os voluntários regulares mostram uma melhor capacidade de lidar com o estresse e evitar doenças, bem como taxas reduzidas de depressão e uma maior sensação de satisfação.

Outra grande coisa sobre o altruísmo é que ele é contagioso. Ele provoca uma reação em cadeia de outros atos altruístas. As pessoas são mais propensas a realizar proezas de generosidade depois de observar outra pessoa a fazer o mesmo. Esse efeito pode se alastrar por toda a comunidade, inspirando dezenas de indivíduos a fazer a diferença.[3]

O conceito de altruísmo contagioso foi o tema do best-seller *Pay it Foward*, de Catherine Ryan Hyde, em 1999.[4]

Após o sucesso do livro e do filme lançado com o mesmo nome, Catherine estabeleceu a "The Pay It Forward Foundation" em setembro de 2000 como "um catalisador para inspirar o crescimento da filosofia Corrente do Bem, atos de bondade entre estranhos, gerando uma onda de uma pessoa para a outra, de uma comunidade para a outra".[5] Desde sua concepção, a fundação inspirou inúmeros atos de bondade e serviu para inspirar as pessoas em todo o mundo a fazer com que a filosofia "passe adiante" fizesse parte de suas vidas.

Ajudar os outros também ajuda a melhorar nosso próprio senso geral de propósito e identidade. Não somos apenas um "pai" ou um "funcionário"; somos alguém que faz a diferença.

Ajudar os outros nos ajuda a nos concentrar no exterior durante a mudança, pois a tentação de ver apenas nossos próprios problemas pode ser dominante.

E, como muitos professores atestarão, ensinar algo pode ser a melhor maneira de aprender! Observar a jornada de outra pessoa através da Curva de Mudança pode nos ajudar a nos preparar para a mesma jornada. E, se você estiver passando pela mesma mudança ao mesmo tempo, duas cabeças e dois corações são muito melhores do que um.

Ajudar os outros nos ajuda a nos concentrar no exterior durante a mudança, pois a tentação de ver apenas nossos próprios problemas pode ser dominante. Sair de nossos próprios sentimentos e preocupações é saudável — para nós e para a pessoa que estamos ajudando.

Estamos todos aqui na Terra para ajudar os outros; o que os outros estão fazendo aqui na Terra eu não sei.

W. H. AUDEN[6]

CAPÍTULO VINTE E SETE

Meu plano pessoal de mudança

Conhecer-se a si mesmo é o começo de toda a sabedoria.

ARISTÓTELES[1]

Nós detonamos nossos medos e passamos pelo pior da Curva de Mudança. Entendemos o que aconteceu. Agora precisamos engajar o cérebro e avançar em direção à aceitação. Precisamos de ação. Às vezes, o curso da ação pode ser óbvio, mas na maioria das vezes, descobrimos que temos opções — e nesse ponto, todas elas parecem igualmente assustadoras. Como qualquer pessoa que tenha tentado comprar algo de um hipermercado atestará, as opções podem ser debilitantes.

Como posso decidir em que direção devo seguir, quanto mais os próximos passos a serem dados? Há demasiadas incógnitas.

Bem, talvez devêssemos olhar o mundo dos negócios por um segundo e fazer um pequeno "planejamento estratégico" pessoal. Uma estratégia de sucesso começa sempre com uma análise — nesse caso, um pouco de autorreflexão; um balanço objetivo e uma análise de como as coisas estão atualmente. Você precisará se fazer uma série de perguntas e suas respostas precisarão ser brutalmente honestas.

No exemplo a seguir, eu assumi que a mudança em questão está relacionada ao emprego — mas é claro que as perguntas em destaque são igualmente relevantes para qualquer mudança pessoal significativa.

Contexto

1. **Por que essa mudança está acontecendo?** De maneira mais distante possível, procure entender o que aconteceu para provocar essa mudança. Por que ela aconteceu e o que se pode aprender com ela?
2. **Por que essa mudança é necessária ou desejada?** Se a mudança está sendo imposta a você, coloque-se no lugar de quem a impôs e procure entender por que a mudança é necessária. Tente manter-se impessoal e objetivo, por mais difícil que isso seja. Se é você quem está promovendo a mudança, demonstre com clareza por que essa mudança é a coisa certa a fazer.
3. **Tendências mais amplas**. Quais das tendências mais amplas que estão acontecendo são relevantes para a mudança em questão? Mudanças em sua indústria, mudanças na maneira de trabalhar, mudanças na maneira de viver, mudanças na sociedade... Faça uma lista e faça algumas pesquisas.

Resultados

4. **O que eu quero alcançar?** O que é bom para mim? Qual é o resultado que eu quero — financeiro e não financeiro? É apenas um trabalho, qualquer trabalho? Ou é algo mais profundo, como ser verdadeiramente independente ou fazer um trabalho que realmente me satisfaça? O que estou realmente tentando alcançar — a longo prazo e nesse ponto da minha vida/carreira?
5. **Quais são as implicações da mudança?** Se eu conseguir o que quero, quais são as consequências positivas e negativas disso,

para mim e para os meus entes queridos? O que eu poderia fazer para mitigar essas implicações?

SWOT

6. **Quais são as minhas forças?** Em que eu sou bom? Quais são as minhas principais habilidades? Em que eu me destaco? O que eu faço melhor do que a maioria? (Seja honesto. Na verdade, obtenha alguma contribuição de amigos, colegas ou entes queridos de confiança, se você se sentir à altura).
7. **Quais são as minhas fraquezas?** Em que eu não sou tão bom? Quais são as fraquezas que eu preciso resolver? Em quais eu nunca serei muito bom? (Afinal de contas, não podemos ser bons em tudo!) Quais habilidades-chave devo melhorar/afiar? Que novas habilidades devo tentar desenvolver? Como?

Existem algumas "fraquezas" com as quais você não deve se preocupar em abordar. Não vejo a utilidade de perder muito tempo tentando melhorar uma fraqueza na qual você simplesmente nunca será muito bom, por exemplo, uma fraqueza que eu não tenho desejo de melhorar é o fato de ser um péssimo gerente de projeto. Não adianta tentar me transformar em um. Sim, eu certamente poderia ser mais organizado, mas nunca serei um *Project Manager* de classe mundial. Sempre preciso estar em equipe com alguém que seja mais focado no processo do que eu.

Mas uma fraqueza na qual *posso* me esforçar é minha tendência a me preocupar demais com o futuro. Eu poderia conseguir muito mais se ficasse muito mais tempo no presente. Isso é algo que eu *posso* me esforçar para melhorar.

Outro pensamento interessante é que nossa maior força é muitas vezes também nossa maior fraqueza — e vice-versa. Uma das minhas principais forças é que sou bom em me dar bem com as pessoas. Eu sou amável e gosto de fazer as pessoas rirem. Do outro lado, isso pode se traduzir em uma necessidade quase desesperada de ser apreciado. Também fez com que ocasionalmente eu não fosse levado tão a sério como eu gostaria. Nos negócios, particularmente nos serviços financeiros, se você estiver sorrindo e tiver vontade de rir, isso pode ser percebido como uma falta de seriedade e uma falta de profissionalismo. E costumo dar gargalhadas. Muitas delas.

Quais são suas fraquezas?

8. **Quais são as minhas oportunidades?** Quais são as oportunidades potenciais que você pode ser capaz de engendrar ou aproveitar? Faça uma lista e volte a ela com frequência durante as fases de análise e ação, a seguir.

9. **Quais são as minhas ameaças?** Se uma grande mudança está sendo imposta a você, isso será fácil. Mas é bom ser claro a respeito delas. Quais ameaças (externas) poderiam talvez atrapalhar seu caminho? Escreva-as e compreenda-as.

A situação

10. **Fatores-chave de sucesso**. Quais são as coisas mais importantes que eu tenho que fazer, desenvolver ou colocar em prática para que isso dê certo?

11. **Principais desafios/obstáculos ao sucesso**. Quais são as principais barreiras para o sucesso? Quais são as minhas principais barreiras emocionais para mudar? Como vou superá-las?

12. **Interdependências**. Para que coisas essenciais eu preciso dos outros? Como vou ter certeza de obtê-las?

Ação

13. **Preferências**. Do que eu gosto e quais são as minhas áreas impensáveis? Um bom amigo meu descobriu que simplesmente odeia trabalhar por conta própria. Ele odeia a incerteza evidente de ser autônomo. Como consultor autônomo, ele estava sempre

se preocupando com o futuro. Durante os bons tempos, ele estava se perguntando o que aconteceria no final do contrato atual e durante os tempos de baixa, ele estava preocupado com o momento quando o próximo viria. Embora a lealdade no local de trabalho tenha diminuído por muitas décadas e se pudesse argumentar que nenhum emprego é "seguro" — ele optaria por ser um funcionário em vez de ser um empreendedor a qualquer momento. É bom saber esse tipo de coisa.

14. **Quais são as minhas opções?** Então, armado com a análise acima, você pode começar a explorar alguns potenciais cenários futuros. Ao compilar essa lista pela primeira vez, não se preocupe com a probabilidade do cenário — apenas se ele é plausível. Pense nesse exercício como um alvo de tiro com arco e flecha; o centro do alvo. Comece perto do que você sabe e expanda e veja onde isso o leva.

Então… digamos que estou diante de uma demissão; quais são as minhas opções? Eu poderia:

Futuro empregador

- candidatar-me a outra função na mesma empresa (círculo interno do alvo);
- candidatar-me a uma vaga em uma empresa concorrente (movendo-se um anel para fora);
- trabalhar para um fornecedor (um anel adicional);
- trabalhar para uma organização cliente/parceira;
- trabalhar para uma empresa/associação com vínculos com minha indústria ou uma que presta serviços à minha indústria (movendo-se mais um anel para longe do centro);
- trabalhar para uma empresa que tenta entrar na minha indústria;

- entrar em uma indústria/área de trabalho completamente nova (acho que acabamos de começar um novo ciclo de trabalho com essa opção).

Localização

- trabalhar perto da minha localização atual;
- minha cidade/local atual;
- dentro de duas horas de viagem;
- em qualquer parte do país;
- em qualquer parte da região;
- em algum outro lugar do mundo.

Tipo de trabalho

- empregado;
- autônomo;
- meio período;
- trabalho compartilhado.

Quais são as implicações de cada um dos itens acima?

Análise de cada opção. Uma vez feita sua lista, você pode então analisar cada uma das opções — pergunte-se: quais são os principais desafios, as principais oportunidades e as principais consequências de cada cenário?

Mas cuidado com a paralisia da análise. Tendo concluído sua análise (e não precisa ser tão detalhada quanto as anteriores!), em algum momento, você terá que tomar uma decisão. E, quando o fizer, seja ousado, dê o salto e faça o máximo para que seja um sucesso.

15. **Vitórias rápidas**. Que ganhos/marcos a curto prazo posso fazer para demonstrar um senso de realização?

16. **Plano de ação e cronograma**. Então, o que você vai fazer, até quando, em que sequência e quando? Chegou a hora de agir!
17. **Sustentando a mudança**. Haverá dificuldades ao longo do caminho. A Curva de Mudança nunca estará muito distante. O que você vai fazer para manter o ímpeto?

O sucesso muitas vezes vem depois de muitos contratempos.

E por último, lembre-se de que o sucesso muitas vezes vem depois de muitos contratempos. Thomas Edison fracassou inúmeras vezes antes de inventar a lâmpada, embora ele tenha visto isso de um modo um pouco diferente. Quando um repórter lhe perguntou: "Qual foi a sensação de fracassar mil vezes?", Edison respondeu: "Eu não fracassei mil vezes. A lâmpada foi uma invenção com mil passos."

(Um modelo do "Plano Pessoal de Mudança" [em inglês] pode ser baixado em www.changeandstrategy.com.)

CAPÍTULO VINTE E OITO

Seja seu próprio líder de mudança

O verdadeiro poder
é viver
a certeza
de que você é seu próprio
curandeiro, herói e líder.

YUNG PUEBLO[1]

No final, é com você. Cabe a você ser seu próprio terapeuta; ser seu próprio catalisador de mudança.

Sim, encontre pessoas para ajudar, mas saiba que, no final, a responsabilidade é sua e somente sua. Mesmo com a inestimável ajuda delas, você terá que mudar. Para isso, você precisará estar disposto. Lembre-se da velha piada sobre a lâmpada que mencionei na introdução: "Quantas pessoas são necessárias para trocar uma lâmpada? Apenas uma, mas a pessoa precisa querer mudar."

Cabe a você ser seu próprio terapeuta; ser seu próprio catalisador de mudança.

Para conduzir-se pela mudança, sugiro que você reflita sobre o que torna bem-sucedida uma iniciativa de mudança. A seguir, está a lista que utilizo para os líderes empresariais (que também é os títulos dos capítulos de 11 a 20 de *The Change Catalyst*). É uma ótima checklist para mudanças pessoais, também. Afinal de contas, toda mudança é pessoal.

Os ingredientes essenciais de uma mudança (comercial) bem-sucedida:

1. Clareza do que estamos tentando alcançar e por quê
2. Compreenda as implicações da mudança
3. Foco sobre os resultados
4. Um processo de mudança que inclui uma "pausa para reflexão"
5. Governança clara e planejamento minucioso (prepare-se para o sucesso)
6. Compromisso genuíno com as pessoas e influenciadores
7. Encontrar (seus) gatilhos emocionais
8. Equipe de liderança forte, comprometida, alinhada e inabalável (isso é você!)
9. Uma cultura pronta para a mudança (cercar-se de pessoas e atitudes que o ajudarão a fazer a mudança)
10. Um catalisador de mudança (esse é você também!).

Tratando a "perda de peso" como um projeto de mudança

Vamos aplicar os princípios acima ao desafio pessoal de perder peso. Vai parecer um pouco corporativo, mas funciona.

A propósito, por favor, não fique com a ideia de que estou obcecado com a perda de peso! Muito pelo contrário: uma obsessão com a perda de peso pode ser perigosa. É apenas um exemplo tão perfeito de mudança pessoal com a qual quase todos nós podemos nos identificar em algum momento de nossas vidas.

1. **Clareza do que estamos tentando alcançar e por quê**. Por que você quer perder peso? Seja aberto e sincero. Qual é a razão "certa" para você querer perder peso? Qual é a razão "real"? A verdadeira razão será a mais convincente das duas. Escreva todas. O que você está tentando conseguir? Por quê? Descreva o estado final que você está procurando — em palavras e números (se desejar). Use a palavra "sustentável" em algum lugar, pois se trata de uma mudança permanente.

2. **Compreenda as implicações da mudança**. Quais serão as boas implicações de seu sucesso na perda de peso? Haverá alguma consequência negativa? (Por exemplo, alguns cônjuges e amigos não gostaram do parceiro mais magro que surgiu após a perda de peso). Pense em como superar as implicações negativas de sua perda de peso, bem como aceitar as consequências positivas da mudança.

3. **Foco sobre os resultados**. Nunca tire seus olhos do objetivo se você quiser alcançá-lo. Agora... isso não significa necessariamente números. Números não são a resposta para todos. Na verdade, podemos ficar obcecados com os números. "Ai não! Eu ganhei trezentos gramas desde ontem de manhã!" Depois do meu ataque tolo induzido pelo IMC mencionado em um capítulo anterior, minha filha me disse para jogar fora minhas balanças. Ela tem razão. Talvez uma melhor descrição de sucesso para mim seja que eu gostaria de me sentir mais confortável com meus ternos; que eu gostaria de me sentir mais saudável e ter mais energia. Como seria o sucesso para você? Se os números o ajudarem a atingir seus objetivos, use-os. Caso contrário, um cinto mais frouxo e uma sensação geral de bem-estar podem ser a melhor medida de sucesso.

4. **Um processo de mudança que inclui uma "pausa para reflexão"**. Após algumas semanas, pausa e reflexão: meus objetivos originais ainda são válidos? Por quê? Isso é mais difícil do que eu pensava? Mais fácil? O que eu preciso fazer de diferente?

Deveria estar me exercitando mais? Deveria estar me exercitando menos? A nova maneira de comer é muito restritiva para ser sustentável? Ou eu não estou levando a sério o suficiente? Mantenha-se objetivo; mantenha-se desapegado. Não se trata de julgar a si mesmo; trata-se de avaliar o progresso e de se ajustar de acordo.

5. **Defina seu projeto de perda de peso para ter sucesso**. Remova os obstáculos ao sucesso (como suco de frutas, bolos e biscoitos). Prepare seu ambiente para ser bem-sucedido. Estabeleça metas realistas. Permita-se ser gentil com você mesmo. Goste de si mesmo durante o processo. Prepare as bases para o sucesso. Crie hábitos; novas rotinas de alimentação e exercícios.

6. **Envolvimento genuíno com os stakeholders**. Seja honesto com você mesmo, com sua família, com as pessoas ao seu redor. Traga-os para o lado; aliste sua assistência genuína e encorajadora. Torne-os parte da solução, não parte do problema. Todos eles vão querer ajudar — e eles também não vão julgar. Eles vão pensar que você é ainda mais fabuloso por fazer isso. (Não tem que ser tão melodramático quanto parece! Se seu desafio é que você realmente gosta de beber algumas cervejas com os vizinhos em uma sexta-feira à noite, seus colegas não pensarão menos de você se você parar na segunda... nota para mim mesmo).

7. **Encontrar seus gatilhos emocionais**. Você sabe melhor do que ninguém como você funciona. O que desencadeará suas emoções para ajudá-lo a permanecer no curso e aceitar essa nova maneira de comer e viver?

8. **Uma liderança forte e comprometida**. Você está liderando essa mudança. Seja empático consigo mesmo, mas permaneça forte; permaneça comprometido.

9. **Uma cultura pronta para mudanças**. Na mudança organizacional, cultura é tudo quando se trata de mudança. A cultura é como as pessoas se comportam. No ponto 6, você ajudou as

pessoas ao seu redor a entender. Você também precisa que elas se comportem de maneiras que o ajudem a ter sucesso. Depende de você garantir que elas o façam. Como líder desse projeto de mudança, você também precisa definir o tom. A forma como você se comporta determinará como as pessoas ao seu redor se comportarão. Se você for empático e confiante, elas também o serão. Se você tratar isso como um desafio emocionante e permanecer comprometido, eles também o farão. Como seu próprio líder de mudança, você tem que dar o exemplo.

10. **Seja seu próprio Catalisador de Mudança**. Você pode ser seu próprio catalisador de mudança. Tudo o que você precisa para mudar já está dentro de você. Seu Catalisador de Mudança interno precisa permanecer focado nos resultados e monitorar continuamente cada passo anterior — assegurando que tudo esteja no lugar para que você alcance o sucesso sustentável a longo prazo.

Embora originalmente eu tenha desenvolvido essa abordagem para uso em mudanças organizacionais, ela é adaptável e relevante para qualquer instância de mudança pessoal.

PARTE SEIS

Os segredos para aceitar a mudança

E agora chegamos à parte do livro em que envolvemos tudo em um laço e resumimos os segredos para aceitar com sucesso a mudança.

Antes de prosseguir, deixe-me salientar que o apetite de todos por aceitar mudanças é diferente — e varia de uma situação para a outra. Quando se trata de algumas mudanças, nós achamos ridiculamente fácil aceitar e adotar a nova maneira de viver ou trabalhar. É como andar de bicicleta. Outras mudanças parecem mais como tentar pilotar um caça — não sabemos por onde começar e achamos a coisa toda totalmente assustadora.

Mas espero que, entre as muitas dicas e técnicas descritas neste livro, você encontre algo que ajude em quase todas as situações novas. Este não é um guia sobre como mudar. É uma série de insights, ideias e ferramentas esperançosamente esclarecedoras para que você possa escolher.

E o segredo para aceitar a mudança? Está entre seus ouvidos. Ele está dentro de sua mente e de seu coração. Você o conhece. Todos nós o conhecemos. Só precisamos encontrá-lo e libertá-lo.

A mudança é inevitável e nossa capacidade de aceitá-la e buscar as oportunidades sustentará nossa felicidade e sucesso futuros — no trabalho e na vida.

CAPÍTULO VINTE E NOVE

O checklist de Aceitação da Mudança

Checklists ruins são vagos e imprecisos. São muito longos; são difíceis de usar; são impraticáveis. Tratam as pessoas que utilizam as ferramentas como estúpidas e tentam pontuar cada um dos passos. Bons checklists, por outro lado, são precisos, eficientes e diretos. Eles não tentam pontuar tudo — um checklist não consegue pilotar um avião, mas fornece lembretes dos passos mais críticos e importantes. Bons checklists são, acima de tudo, práticos.

ATUL GAWANDE[1] (Sim, existe um livro dedicado aos checklists!)

Vamos ver se este checklist de Aceitação da Mudança corresponde aos altos padrões de Atul Gawande.

Os segredos para aceitar a mudança são:

1. Aceitar que a mudança é inevitável. Simplesmente é. Ponto final.
2. Aceitar que nem todas as mudanças serão "boas". Mas mesmo as mudanças "ruins" precisam ser aceitas em algum momento para que possamos então começar a procurar as oportunidades — e seguir em frente.

3. Entender que toda mudança é emocional. Determine quais barreiras emocionais você tende a erguer e as táticas que você precisa adotar para superá-las.
4. Desapegar. Distanciar-se de seus pensamentos negativos, suas emoções, seu ego, sua identidade, seus medos, sua companhia ruim.
5. Criar condições favoráveis para mudanças. Ser como os praticantes da HENRY.
6. Ser seu próprio Catalisador de Mudança. Seu próprio consultor. Faça sua própria análise da situação em que se encontra, realize um balanço de seus pontos fortes pessoais e elabore seu próprio plano de ação.
7. Ajudar os outros. Ajudar os outros a caminhar pela mudança não é apenas uma coisa maravilhosa a fazer, mas é também uma terapia fantástica para nós mesmos — e normalmente aprendemos tanto, se não mais, do que as pessoas que estamos ajudando.
8. É uma questão de atitude. Quando surgir uma grande mudança — mesmo quando ela for imposta a você — lembre-se de que você não impotente.
9. Longe disso. A única coisa que você pode controlar é como você reage. E isso pode fazer toda a diferença.

Quando surgir uma grande mudança — mesmo quando ela for imposta a você — lembre-se de que você não impotente.

CAPÍTULO TRINTA

O poder da mudança

Finalmente, para concluir, deixe-me apenas dizer o seguinte...

PETER SELLERS[1]

A mudança é dura. Ela vem de muitas formas e é implacável.

Começamos este livro explorando algumas das macromudanças que entram em nosso caminho. A tecnologia está avançando tão rapidamente que nossos governos e nossas sociedades estão lutando para manter o ritmo. A maneira como trabalhamos, a maneira como vivemos, mesmo o tempo que vivemos, estão mudando para sempre, de maneira dramática e fundamental.

Aqueles que conseguirem lidar com as mudanças que estão por vir sobreviverão. Aqueles que puderem aceitar as mudanças e buscar as oportunidades prosperarão. Aceitar mudanças é a habilidade mais importante que qualquer um de nós pode aprimorar.

Aceitar mudanças é a habilidade mais importante que qualquer um de nós pode aprimorar.

E o poder de fazer exatamente isso está dentro de cada um de nós.

Exploramos como toda mudança é pessoal e emocional. Tocamos no imenso e muitas vezes inexplorado poder da mente; como nossa mente pode mudar nosso corpo; como ela pode mudar nosso destino.

Discutimos dois tipos diferentes de grandes mudanças transformacionais: a mudança da Plataforma em Chamas, que nos é imposta, e a mudança do Salto Quântico, que nós mesmos provocamos. E como reagimos a ambos os tipos de mudança é altamente emocional e completamente previsível.

Passamos pela Curva de Mudança da Plataforma em Chamas, começando com Choque e Negação, antes de passarmos à Raiva, e Medo e Depressão antes de podermos subir para o outro lado e chegarmos à Compreensão, Aceitação e finalmente seguir em frente. Observamos que a curva de mudança não é uma via de mão única. Tampouco é uma experiência única na vida. É parte da vida. Precisamos estudá-la, estudar a nós mesmos e aceitá-la.

Passamos bastante tempo explorando a vida no ponto mais baixo da curva; o lugar onde as vítimas habitam. Discutimos a natureza insidiosa e o frio conforto da vitimização — e como reestruturar a situação em nossas mentes é a única forma de escapar disso.

Também descobrimos que passamos por uma montanha-russa de emoções quando é "uma boa mudança" que nós mesmos escolhemos. A mudança do "Salto Quântico" também tem sua própria Curva de Mudança, que pode ser mais rasa, mas não é diferente de seu primo mais íngreme. Com a mudança que provocamos, nossas reações começam com Entusiasmo, mas também podem deslizar em Apreensão, Medo e uma forma de Remorso antes que nossa cabeça ajude o Otimismo Racional a começar, e nosso coração então começa a acreditar genuinamente que podemos prosperar no novo mundo e somos capazes de aceitar plenamente a mudança.

Mas não importa que tipo de mudança nós enfrentemos, não somos impotentes. Como escolhemos reagir à mudança está completamente dentro do nosso controle — e essa escolha pode fazer toda a diferença.

Exploramos as principais barreiras pessoais que erguemos para mudar com alguns detalhes, juntamente às formas de superá-las.

Neste livro, aprendemos a admitir a negação, testar nossas dúvidas, encontrar boas tribos, reestruturar nossa identidade, encontrar nossos próprios gatilhos emocionais e "escolher nossa atitude". Discutimos como todo medo está relacionado com o futuro e como diminuí-lo quando se trata de mudança: medo do fracasso, medo da culpa e medo do desconhecido.

Aprendemos a tratar nossos pensamentos e crenças pelo que são: histórias; a parar de nos julgar e a saber que temos a capacidade de contar a nós mesmos novas histórias, para mudar nossos pensamentos e desafiar nossas crenças.

Discutimos como a ioga é brilhante para nos ajudar na organização, reiniciar nossas mentes e dar as boas-vindas à mudança.

Mas acima de tudo, aprendemos que poderíamos ser o nosso próprio catalisador de mudança.

Em seguida, exploramos seis habilidades, dicas e estratégias adicionais para aceitar a mudança:

1. Ser resiliente
2. Criar condições favoráveis para a mudança
3. Encontrar a ajuda de que você precisa
4. Ajudar os outros
5. Conhecer seu plano pessoal de mudança
6. Ser seu próprio líder de mudança.

Outro tema-chave que percorre todo o livro é que ninguém muda por causa do desejo do outro. Nós só mudamos se quisermos. Portanto, devemos estimular a nossa mudança.

Ninguém muda por causa do desejo do outro.

Espero que tenham gostado do livro tanto quanto eu gostei de escrevê-lo.

Para contato, acesso aos modelos, podcasts e vídeos, ou assinatura da minha *newsletter*, visite www.changeandstrategy.com.

Não é o mais forte que sobrevive, nem o mais inteligente,
mas o que melhor se adapta às mudanças.

CHARLES DARWIN[2]

Agradecimentos

Eu adorei escrever este livro. Adorei pesquisar e descobrir inúmeros novos insights ao longo do caminho. Adorei escrevê-lo e reescrevê-lo inúmeras vezes. Adorei entrevistar pessoas fascinantes sobre o tema da mudança. Adorei usar meus participantes das oficinas Liderando a Mudança e Aceitando a Mudança como cobaias enquanto refinava o conteúdo.

Este livro é o ying para o yang de *The Change Catalyst*, meu primeiro livro, sobre liderar a mudança. Este é sobre aceitá-la. Ele é para todos.

O primeiro agradecimento deve ir para Lucy Carragher, organizadora do Business Book of the Year Awards, de Londres, que gentilmente me pediu para ser o orador principal no jantar de gala da premiação de 2019. Tive uma noite maravilhosa — como os vídeos da noite demonstram! Foi nessa noite que conheci Helen Kogan, diretora-geral da Kogan Page, que tenho muito orgulho de dizer ser a editora de *O poder da mudança*. Agradeço a Helen e a Chris Cudmore por acreditarem no livro e por acreditarem em mim. Anseio por um relacionamento longo e frutífero com sua fabulosa editora.

Obrigado também ao meu agente, Jonathan Hayden. *O poder da mudança* é a primeira colaboração entre nós e já estamos trabalhando nas duas próximas. Prevejo que trabalharemos juntos por muito tempo.

Obrigado à dra. Bronwyn King, agraciada com a Ordem da Austrália (AO), fundadora da Tobacco Free Portfolios, por ser tão generosa com seu tempo. A história de como ela e sua equipe encorajam e permitem que as empresas de investimento deixem de investir ou financiar o tabaco é genuinamente inspiradora, assim como Bronwyn, e estou certo de que o capítulo 13 deixará vocês tanto inspirados quanto atônitos. Agradeço também a Hannah Hickman, da HENRY, outra organização profundamente inspiradora que enfrenta a obesidade infantil ajudando os pais a mudarem. Há também muito a aprender da história de HENRY no capítulo 24.

Obrigado também ao sempre sorridente Douglas Fraser, que me fez o favor de revisar, editar e fornecer insights para o capítulo 3, "Mudança climática: o perigoso poder da negação". Quem melhor para dar forma a isso do que um jovem, inteligente e recém-formado mestre em Política e Gestão Ambiental?!

Finalmente, um gigantesco obrigado à minha incrível esposa e parceira para a vida toda, Jane, que muitas vezes perguntava como estava indo a minha "desova de sabedoria" e, depois de fazer a revisão do rascunho final, proclamava: "Eu adorei. É melhor do que o primeiro livro."

Vou acreditar em você.

Notas

Prefácio

1. Em tradução livre, “mercado de molhados”, espécie de mercados públicos na China que comercializam animais vivos e também abatidos no próprio local. [N. T.]

Parte um

1. Benjamin Disraeli (1804–1881), primeiro conde de Beaconsfield, foi um político e escritor britânico que serviu duas vezes como primeiro-ministro.
2. B-b-b-b-b-baby, you aint seen n-n-n-n-nothing yet, Bachman Turnover Overdrive, 1974.

Capítulo Um

1. THE WASHINGTON POST. *Fact Checker database.* Disponível em: <https://perma.cc/E59XC3X3>. Acesso em: 12 mar 2020.
2. Uma citação bem conhecida com uma proveniência desconhecida frequentemente atribuída ao ministro da Propaganda Nazista, Josef Goebbels.
3. R. KURZWEIL. *The Singularity is Near: When humans transcend biology.* Penguin Books, Londres, 2006.
4. Greg Hayes, Chefe Executivo da United Technologies, dono da Carrier AirConditioning, em entrevista à CNN, 8 de dezembro de 2016.

Capítulo dois

1. GRATTON, L. *The 100-Year Life: Living and working in an age of longevity*. Bloomsbury, Londres, 2017.
2. OMS. *Health, history and hard choices: Funding dilemmas in a fast-changing world*, 2006. Disponível em: <https://perma.cc/W3YP-85W7>. Acesso em: 12 mar 2020.
3. SENIORLIVING.ORG.1900-2000: *Changes in life expectancy in the United*. Disponível em: <https://perma.cc/8LA4-DE2U>. Acesso em: 12 mar 2020.
4. WORLDLIFEEXPECTANCY.COM. *Life expectancy white American male*. Disponível em: <https://perma.cc/6TLC-U4SM>. Acesso em: 12 mar 2020.
5. WORLDPOPULATIONREVIEW.COM. *Life expectancy white American male*. Disponível em: <https://perma.cc/W45N-X2PJ>. Acesso em: 12 mar 2020.
6. US DEPARTMÈNT OF HEALTH & HUMAN SERVICES. *A profile of older Americans*, 2012. Disponível em: <https://perma.cc/ 9FWK-JUJ7>. Acesso em: 12 mar 2020.
7. THE INDEPENDENT. *Figures from the Human Mortality Database*, 2016. Disponível em: <https://perma.cc/ RU7K-5824>. Acesso em: 12 mar 2020.
8. DWYER-LINDGREN, L; BERTOZZI-VILLA, A. e STUBBS, R. W. *Inequalities in life expectancy among US counties, 1980 to 2014: Temporal trends and key drivers*, 2017. Disponível em: <https://perma.cc/GX7P-4KN5>. Aceso em: 12 mar 2020.
9. ADAMS, S. *Obesity killing three times as many as malnutrition, Telegraph*, 2012. Disponível em: <https://perma.cc/5DXR-QBVH>. Acesso em: 12 mar 2020.
10. Dados do Global Health Observatory de 2012, Organização Mundial da Saúde via Yuval Noah Harari (2017) Homo Deus: A Brief History of Tomorrow, Vintage.
11. CALICO. Disponível em: <https://perma.cc/U2VR-77XF>. Acesso em: 12 mar 2020.

Capítulo três

1. AMERICAN METEOROLOGICAL SOCIETY. *The 28th annual 'State of the Climate' report*, 2018. Disponível em: <https://perma.cc/L9RH-DDNC>. Acesso em: 12 mar 2020.
2. SMITHSONIAN. *Sea level rise*, 2018. Disponível em: <https://perma.cc/B64M-C5W7>. Acesso em: 12 mar 2020.
3. NASA. *New study finds sea level rise accelerating*, 2018. Disponível em: <https://perma.cc/79DL-YPWY>. Acesso em: 12 mar 2020.

Capítulo quatro

1. Fundador inspiracional da The Ocean Cleanup.
2. THE OCEAN CLEANUP. Disponível em: <https://perma.cc/M3L3-PLLL>. Acesso em: 17 mar 2020.
3. Estudo conduzido pela dra. Jenna Jambeck, da Universidade da Geórgia, cujos resultados foram anunciados na Reunião Anual de 2015 da Associação Americana para o Progresso da Ciência (AAAS).
4. NRDC. Disponível em: <https://perma.cc/B6AV-UV93>. Acesso em: 17 mar 2020.
5. SMILLIE, S. *From sea to plate: How plastic got into fish, The Guardian*. Disponível em: <https://perma.cc/CLQ5-2DFU>. Acesso em: 17 mar 2020.
6. THE OCEAN CLEANUP. Disponível em: <https://perma.cc/M3L3-PLLL>. Acesso em: 17 mar 2020.
7. CENKUS, B. *Millennials will work hard, just not for your crappy job*. The Startup. Disponível em: <https://perma.cc/PH64-ANKN>. Acesso em: 17 mar 2020.
8. Cortesia do Relatório da Unidade de Política Econômica de A. Davis e L. Mishel. CEO pay continues to rise as typical workers are paid less. Disponível em: <https://perma.cc/Q86F-5SSM>. Acesso em: 17 mar 2020.

Capítulo cinco

1. Autor de Sapiens, Homo Deus e 21 lições para o século 21, em uma entrevista para a rádio BBC 4 no dia 1º de outubro de 2018.
2. Instituto Nacional de Estatísticas Britânico.
3. KIRK, A. *How Britain's self-employed army are keeping our economy afloat*. The Telegraph. Disponível em: <https://perma.cc/L7SB-EQNE>. Acesso em: 17 mar 2020.
4. MONAGHAN, A. *Self-employment in UK at highest level since records began*. The Guardian. Disponível em: <https://perma.cc/9924-4P24>. Acesso em: 17 mar 2020.
5. MACPHERSON, C. *The Change Catalyst*. Wiley, Londres, 2017.

Parte dois

1. Imperador Romano (161-180).

Capítulo seis

1. FISCHER, S. *Tap the placebo effect to unlock your body's healing powers*. New Scientist. Disponível em: <https://perma.cc/9PCS-VT3U>. Acesso em: 17 mar 2020.
2. WebMD. Disponível em: <https://perma.cc/GWH2-QQL4>. Acesso em: 17 mar 2020.
3. 1743–1826. Pai fundador dos EUA, 3º presidente dos EUA e autor da Declaração de Independência.

Capítulo oito

1. CARNEGIE, D. *How to Win Friends and Influence People*. Simon and Schuster, New York, 1936.
2. Professor de Neurociência na Universidade do Sul da Califórnia e Professor Adjunto no Instituto Salk.

3. Dados do Global Health Observatory 2012, via Homo Deus, de Yuval Noah Harari (2017).
4. VANCE, J.D. *Hillbilly Elegy: A memoir of a family and culture in crisis.* Harper & Row, Nova York, 2016.

Parte Três

1. Filósofo grego (55-135 a.C.).

Capítulo nove

1. Polímata italiano e homem da Renascença (1452-1519). Suas áreas de interesse incluíam invenção, desenho, pintura, escultura, arquitetura, ciência, música, matemática, engenharia, literatura, anatomia, geologia, astronomia, botânica, escrita, história e cartografia. Ele tem sido chamado de pai da paleontologia, icnologia e arquitetura, e é considerado um dos maiores pintores de todos os tempos.

Capítulo dez

1. Psiquiatra suíça-americana e inventora da Curva de Mudança (1926-2004).
2. Autor norte-americano dos best-sellers dos anos 1970, incluindo Fernão Capelo Gaivota (1970) e Ilusões: as aventuras de um messias indeciso (1977).
3. Coach de vida norte-americano.
4. KARPMAN, S. *Fairy tales and script drama analysis, Transactional Analysis Bulletin.* 7 (26), p. 39-43, 1968. Em 1968, Stephen Karpman, diretor-geral, inventou o que chamou de "O Triângulo Dramático", também conhecido como "O Triângulo da Vítima", para mapear "transações" em situações de relacionamento conflituoso ou dramático-intenso.
5. WOMELDORFF, D. Emerald. The Power of TED: The Empowerment Dynamic, edição do 10º aniversário, Polaris, Edimburgo, 2016.

Capítulo Onze

1. Um grupo de 24 universidades em todo o Reino Unido, considerado por muitas escolas particulares como as mais importantes. O interessante são as universidades de primeira linha que não se juntaram ao Grupo Russell — Bath, Sussex, St Andrews, Strathclyde, Surrey, Loughborough...

Capítulo treze

1. Marie Curie (1867-1934) foi uma física e química polonesa, naturalizada francesa, que conduziu pesquisas pioneiras sobre radioatividade. Ela foi a primeira mulher a ganhar um Prêmio Nobel, a primeira e única mulher a ganhá-lo duas vezes, e a única pessoa a ganhar o prêmio em duas ciências diferentes. Ela morreu com 66 anos de idade de anemia aplástica devido à exposição à radiação.
2. OMS. Tobacco. Disponível em: <https://perma.cc/PZ3K-FS8E>. Acesso em: 17 mar 2020.
3. URIBE, A. *Australian super funds ascendant in global rankings, Investment Magazine.* Disponível em: <https://perma.cc/62AQ-ATPH>. Acesso em: 17 mar 2020.
4. HAIGH, G. *The doctor who beat big tobacco, The Guardian.* Disponível em: <https://perma.cc/YL3T-7JMK>. Acesso em: 17 mar 2020.
5. HAIGH, G. *The doctor who beat big tobacco, The Guardian.* Disponível em: <https://perma.cc/YL3T-7JMK>. Acesso em: 17 mar 2020.
6. Neil Woodford, citado em *G. Haigh. doctor who beat big tobacco, The Guardian.* Disponpível em: <https://perma.cc/YL3T-7JMK>. Acesso em: 17 mar 2020. Neil Woodford, outrora o gerente de fundos "rockstar" do Reino Unido, ganhou muito dinheiro com as ações de tabaco em seus dias de glória
7. OIT. *ILO cooperation with the tobacco industry in the pursuit of the Organization's social mandate*. Disponível em: <https://perma.cc/8T47-44ED>. Acesso em: 17 mar 2020.

8. COX, H. *The future of tobacco may be going up in smoke, The Times*. Disponível em: <https://perma.cc/45E6-3QEG>. Acesso em: 17 mar 2020.

9. HAWTHORNE, S. *Nest to divest all tobacco holdings, Pensions Expert*. Disponível em: <https://perma.cc/4BV2-C2JJ>. Acesso em 17 mar 2020.

10. A OMS estima que a prevalência global do tabagismo diminuiu de 26,9 por cento das pessoas com quinze anos ou mais em 2000 para 20,2 por cento em 2015.

11. BAT. Disponível em: < https://perma.cc/8RJ3-J3XX>. Acesso em: 17 mar 2020.

12. Embora a Imperial tenha recentemente abandonado sua política de aumentar seus dividendos anuais em dez por cento a cada ano, já que seu preço de ações "tem enfrentado dificuldades contra uma tendência de investimento ético — empurrando alguns investidores para venderem as ações de tabaco — e preocupações do mercado com uma repressão aos cigarros eletrônicos nos EUA". WASHTELL, F. Imperial Brands to abandon long-running policy of hiking dividends by 10% a year, as it fights fears that it's unsustainable, This is Money. Disponível em: <https://perma.cc/SUL7-ZLN4>. Acesso em: 17 mar 2020.

13. ECCLES, R. *Solving the Cigarette Problem*. Disponível em: <https://perma.cc/35GT-6NYX>. Acesso em: 17 mar 2020.

14. FOUNDATION FOR A SMOKE-FREE WORLD. Disponível em: <https://perma.cc/4WJU-FPW9>. Acesso em: 17 mar 2020.

15. COSTA E SILVA, V. Da. *Engagement with tobacco industry conflicting with UN principles and values*. Disponível em: <https://perma.cc/XG89-S4HD>. Acesso em 17 mar 2020.

16. WIKIPÉDIA. *Electronic cigarette*. Disponível em: <https://perma.cc/5JDP-68GD>. Acesso em: 17 mar 2020.

17. BLAHA, M. *5 vaping facts you need to know*. Disponível em: <https://perma.cc/B4UK-2SZN>. Acesso em: 17 mar 2020.

Capítulo catorze

1. Escritor norte-americano especializado no mistério e no macabro (1809-1849).

Parte quatro

1. Charles Franklin Kettering (1876-1958) foi um inventor, engenheiro, empresário e detentor de 186 patentes nos EUA.

Capítulo quinze

1. KORTENBACH, B. *Counterpredators: Survival Response Conditioning and the Parent/Child Connection*, eBookIt.com, 2013.

Capítulo dezesseis

1. Especialista sul-africano em comportamento humano
2. Conselho de Liderança Corporativa, parte da Diretoria Executiva Corporativa, agora parte do Gartner Group, lista de bibliotecas com cópia. *Driving employee performance and retention through employee engagement.* Disponível em: <https://perma.cc/5FQA-HAT5>. Acesso em: 17 mar 2020.
3. Poeta, cantora, memorialista e ativista dos direitos civis dos EUA (1928-2014).

Capítulo Dezessete

1. Marie Curie (1867-1934) foi uma física e química polonesa, naturalizada francesa, que conduziu pesquisas pioneiras sobre radioatividade. Ela foi a primeira mulher a ganhar um Prêmio Nobel, a primeira e única mulher a ganhá-lo duas vezes, e a única pessoa a ganhar o prêmio em duas ciências diferentes. Ela morreu com 66 anos de idade de anemia aplástica devido à exposição à radiação.

2. KANTER, R. Moss. *Ten reasons people resist change.* Harvard Business Review, 2012. Disponível em: <https://perma.cc/Z93Z-TDPT>. Acesso em: 19 mar 2020.
3. Ator e músico norte-americano (1925-2001). Lemmon foi indicado oito vezes ao Oscar, com duas vitórias.
4. Orador motivacional, escritor e consultor dos EUA, nascido em 1933.
5. ROGERS, T. N. *Billionaire Spanx founder Sara Blakely has a simple piece of advice for single women dreading the marriage question at Thanksgiving: Be the CEO your parents want you to marry, Business Insider,* 2018. Disponível em: <https://perma.cc/K373-7EKB>. Acesso em: 19 mar 2020.
6. STONE, D. *Difficult Conversations: How to Discuss What Matters Most.* Penguin, Londres, 1999.
7. Thich Nhat Hahn, monge budista tailandês, professor e ativista de paz internacional. *You Are Here: Discover the Magic of the Present Moment.* Shambhala Publications, Boulder, CO, 2012.
8. CLEAVER, E. (1935-1998), ativista político norte-americano que falava em se engajar no movimento de direitos civis dos EUA. Para Eldridge, ser passivo era equivalente a trabalhar contra a causa.
9. Autor norte-americano (1890-1937) que alcançou fama póstuma através de suas influentes obras de ficção de horror.
10. Francis Bacon, 1º visconde St Alban, PC QC (1561-1626), foi um filósofo e estadista inglês que serviu como procurador-geral da República e como Lorde Chanceler da Inglaterra. Ele é creditado com o desenvolvimento do método científico.
11. Pesquisa Lord Ashcroft com 12.369 pessoas no dia do referendo.
12. Mingyur Rinpoche (1975) é um professor tibetano e mestre das linhagens Karma Kagyu e Nyingma do budismo tibetano. Ele é autor de dois livros best-sellers e supervisiona a Comunidade de Meditação Tergar, uma rede internacional de centros de meditação budista.
13. Episódio "Explicando — a Mente", da Netflix, sobre Mindfulness.

Capítulo dezoito

1. Professor emérito em Psiquiatria, Universidade da Califórnia.
2. SLOMAN, S. e FERNBACH, P. *The Knowledge Illusion: Why We Never Think Alone.* Riverhead, Nova York, 2017.
3. Christopher Peterson (1950-2012) foi professor Arthur F. Thurnau de Psicologia na Universidade de Michigan e cofundador da psicologia positiva.

Capítulo dezenove

1. Filósofo, escritor e compositor genovês (1712-1778).

Capítulo vinte

1. Bertrand Russell (1872-1970) foi um filósofo, lógico, matemático, historiador, escritor, ensaísta, crítico social, ativista político britânico, ganhador do Prêmio Nobel de Literatura.
2. O teólogo Reinhold Niebuhr (1892-1971) escreveu pela primeira vez a oração para um sermão na Igreja Heath Evangelical Union em Massachusetts, EUA.

Capítulo vinte e um

1. Ilusionista britânico extraordinário, de seu programa *Miracle*, disponível na Netflix.
2. 1856–1941. Advogado norte-americano e associado da justiça na Suprema Corte dos Estados Unidos de 1916 a 1939.
3. Essas duas filosofias são versões ligeiramente revisadas dos dois primeiros "yamas", as diretrizes filosóficas que sustentam a ioga e uma religião menos conhecida chamada jainismo, que, dada a ocupação e o nome da minha esposa, parecem assustadoramente apropriadas!
4. Autor norte-americano (1898-1993) de *The Power of Positive Thinking* (Prentice Hall, Upper Saddle River, NJ, 1952).

Capítulo vinte e dois

1. Bellur Krishnamachar Sundararaja Iyengar (1918-2014) foi o fundador do estilo de ioga moderno conhecido como "Iyengar Ioga" e foi considerado um dos maiores professores de ioga do mundo. Em 2004, Iyengar foi nomeado uma das cem pessoas mais influentes do mundo pela revista Time.
2. Patanjali é o nome do autor (possivelmente mais de um) de textos antigos em sânscrito, incluindo o texto definitivo sobre teoria e prática de ioga, o Ioga Sutras, algum tempo entre o século II a.C. e o início do século IV.
3. Michael foi um professor incrivelmente atento, que faleceu em 2017. Seus ensinamentos são transmitidos no site michaelstoneteaching.com. Para citar seu site: "Ele permanece por meio de seus ensinamentos, seus filhos, as três pessoas que receberam seus órgãos e aqueles que o amavam. Ele é imensamente amado."
4. "Pai da Medicina" e médico grego da Antiguidade, dá o nome ao Juramento de Hipócrates, o juramento ainda hoje feito por médicos de todo o mundo (460 a.C.-370 a.C).

Capítulo vinte e três

1. Nelson Mandela (1918-2013) foi um revolucionário, líder político e filantropo sul-africano antiapartheid que serviu como presidente da África do Sul de 1994 a 1999. Ele foi o primeiro chefe de Estado negro do país e o primeiro eleito em uma eleição democrática plenamente representativa.
2. Essa hierarquia sugere que as pessoas estão motivadas a satisfazer as necessidades básicas antes de passar para outras necessidades mais avançadas.
3. Entrevista "Inside Quest" com Simon Sinek, autor de Comece pelo porquê (Editora Sextante, 2018) e outros best-sellers, registrados em dezembro de 2016.

4. Odeio o termo "politicamente correto". Ele é usado com muita frequência como um insulto por pessoas que estão tentando mascarar seus próprios preconceitos. "Não é politicamente correto fazer piadas sobre os gays; não é politicamente correto dizer que os homens são melhores líderes empresariais; não é politicamente correto apontar as diferenças entre as raças." Na verdade, basta tirar a palavra "politicamente" de cada uma dessas frases. Simplesmente não é correto. Não tem nada a ver com política.
5. Entrevista "Inside Quest" com Simon Sinek, autor de Comece pelo porquê (Editora Sextante, 2018) e outros best-sellers, registrados em dezembro de 2016.
6. Um ditado muito estranho. Em vez de "ostra", eu sempre disse "o mundo é sua lagosta, o que faz ainda menos sentido". Infelizmente, minha filha esperta cresceu ouvindo apenas minha versão. Ela também cresceu pronunciando "pitoresco" como "pitorescolo". Que alma confiante ela tem.
7. Entrevista "Inside Quest" com Simon Sinek, autor de Comece pelo porquê (Editora Sextante, 2018) e outros best-sellers, registrados em dezembro de 2016.
8. A Associação Psicológica Americana (APA) relata que o principal fator de resiliência é ter relações de carinho e apoio dentro e fora da família. Relacionamentos que geram amor e confiança proporcionam modelos e oferecem incentivo e segurança que ajudam a reforçar a resiliência de uma pessoa.
9. Gordon Gecko em *Wall Street*, de Oliver Stone (dir.), 1987.
10. ASSOCIAÇÃO PSICOLÓGICA AMERICANA (APA). *Building your resilience*. Disponível em: <https://perma.cc/CCP2-KDQY>. Acesso em: 23 mar 2020.
11. MAYO CLINIC. *Build skills to bear hardship*. Disponível em: <https://perma.cc/5X3F-4A3C>. Acesso em: 23 de mar 2020.

Capítulo vinte e quatro

1. HENRY. Site www.henry.org.uk. Disponível em: <https://perma.cc/R5E2-MW88>. Acesso em: 23 mar 2020.

2. HENRY *Practitioner Manual,* capítulo 2.

Capítulo vinte e cinco

1. Atriz norte-americana (1942-2013).
2. PETER, L. J. e HULL, R. *The Peter Principle: Why Things Always Go Wrong*. Pan Books, Londres, 1970. A premissa central do livro é que todos os gestores são eventualmente promovidos ao seu nível de incompetência para permanecerem lá durante o resto de suas carreiras. Uma visão cínica sem dúvida, mas não totalmente imprecisa.
3. Um blog de um casal de pais em Brighton, Reino Unido. Blog, <www.fizzypeaches.com>. Disponível em: <https://perma.cc/YP3KTZPY>. Acesso em: 23 mar 2020.

Capítulo vinte e seis

1. Empresário, orador e político norte-americano (1945-).
2. MENTALFLOSS.COM. *7 scientific benefits of helping others.* Disponível em: <https://perma.cc/56NY-HXHY>. Acesso em: 23 mar 2020.
3. MENTALFLOSS.COM. *7 scientific benefits of helping others.* Disponível em: <https://perma.cc/56NY-HXHY>. Acesso em: 23 mar 2020.
4. HYDE, C. Ryan. *Pay it Forward, Simon and Schuster.* Nova York, 1999.
5. PAY IT FORWARD FOUNDATION. Site, <www.payitforwardfoundation.org>. Disponível em: <https://perma.cc/5BM4-5DTD>. Acesso em: 23 mar 2020.
6. Poeta anglo-americano (1907-1973).

Capítulo vinte e sete

1. Antigo filósofo grego e "pai da filosofia ocidental" (384 a.C.-322 a.C.)
2. PUEBLO, Y. Inward. CreateSpace, 2017. "Uma coleção de poesia e prosa que explora o movimento do amor-próprio ao amor incondicional, o poder de desapegar, e a sabedoria que vem quando realmente tentamos nos conhecer" (Amazon).

3. GAWANDE, A. *The Checklist Manifesto*. Metropolitan Books, New York, 2009.

Capítulo trinta

1. Gênio da comédia e ator. *The Goon Show. A pantera cor-de-rosa, Um convidado bem trapalhão, Dr. Fantástico, o que é que há, gatinha?, Muito além do jardim...* (1925-1980).

Capítulo trinta e um

2. Naturalista inglês, pai da ciência da evolução e autor de A origem das espécies (1809-1882).

Nota da editora original

Foram feitos todos os esforços possíveis para garantir que as informações contidas neste livro sejam precisas no momento da publicação. A editora e os autores não podem ser responsabilizados por quaisquer erros ou omissões, independente da causa. entretanto, os editores e autores não se responsabilizam por quaisquer erros ou omissões causadas. Editor, editora e autor se eximem da responsabilidade por perdas ou danos ocasionados a qualquer pessoa agindo, ou abstendo-se de agir, como resultado do material desta publicação.